美国陆军战术级指挥信息系统作战运用

李 剑 何 为 陈皇卿 王立军
朱李礼 孔庆春 吴俊廷 殷广川 编著

国防工业出版社

·北京·

内 容 简 介

本书通过梳理美国陆军战术级指挥信息系统的基本概念、使命任务、发展历程、体系架构等内容，深入分析美陆军战术层面指控系统和通信系统的建设现状与发展方向，重点研究美国陆军战术级指挥信息系统在典型作战指挥活动中的运用方式，剖析系统能力实现机理，并结合我军现状提出启示思考。

本书可为首长机关、科研院所和相关任务部队信息系统的建设与运用提供参考借鉴。

图书在版编目（CIP）数据

美国陆军战术级指挥信息系统作战运用 / 李剑等编著．－－北京：国防工业出版社，2024.10． －－ ISBN 978-7-118-13451-3

Ⅰ．E712.51

中国国家版本馆CIP数据核字第2024R7S367号

※

国防工业出版社出版发行
（北京市海淀区紫竹院南路23号 邮政编码100048）
北京凌奇印刷有限责任公司印刷
新华书店经售

*

开本 710×1000 1/16 印张 20½ 字数 192千字
2024年10月第1版第1次印刷 印数 1—1500册 定价 168.00元

（本书如有印装错误，我社负责调换）

国防书店：（010）88540777　　书店传真：（010）88540776
发行业务：（010）88540717　　发行传真：（010）88540762

前　言

进入新世纪以来，随着美军"全球公域介入与机动联合""多域战""全域战"等作战概念的快速演进，对陆军部队遂行多样化军事任务的能力提出更高要求，迫切需要以信息网络和指挥系统为依托，在诸军种联合作战的战场空间内，有效增强实施分布式协同作战的能力生成。为此，美军不断加快指挥信息系统建设与运用的节奏，力求通过建设将各种作战要素融合为一个信息实时、效能集中、严密控制、精确释放的整体，缩短"观察—判断—决策—行动"周期，实现目标侦察与监视、信息处理与传输、精确打击与毁伤评估的一体化，推动作战能力质的飞跃。

他山之石，可以攻玉，研究美军指挥信息系统建设与发展历程，对我军指挥信息系统建设与运用有着极强的借鉴和参考意义。本书从作战运用的视角，通过梳理美国陆军战术级指挥信息系统基本概念、使命任务、发展历程、体系架构等内容，深入分析指控系统和通信系统的建设现状与发展方向，重点研究美国陆军战术级指挥信息系统在典型作战指挥活动中的运用方式，剖析系统能力实现机理，提出军队指挥信息系统建设运用的启示思考。本书共6章，第1章绪论，由李剑编写，主要介绍指挥信息系统、美军指挥信息系统和美国陆军战术级指挥信息系统的概念内涵；第2章美国陆军指挥信息系统发展历程，由李剑、陈皇卿编写，主要介绍美国陆军指挥信息系统四个发展阶段的建设背景、基本结构和主要特点；第3章美国陆军战术级指挥信息系统介绍，由王立军、吴俊廷、殷广川编写，主要介绍美国陆军战术级指挥信息系统的体系架构、指挥控制系统、信息基础环境、信息通信系统和部队编配；第4章美国陆军战术级指挥信息系统运用，由陈皇卿、朱李礼编写，主要从指挥系统部署、通信系统部署和系统组织运用等方面阐述美国陆军战术级指挥信息系统组织运用方法；第5章美国陆军战术级指挥信息系统实战案例，由何为、孔庆春编写，主要通过介绍"内在决心"行动、萨德尔城之战、"落锤"行动、"目标桃子"行动等典型案例解读美国陆军战术级指挥信息系统的运用效果；第6章启示思考，由何为、李剑编写，主要从信息系统建设、运用和训练三个方面提出思考与建议。

  在近年的几场战争实践中，我们不难看到战争形态正加速向信息化、智能化演进，未来作战面临的作战空间更加多维、作战力量更加多元、作战手段更加智能，如何强化指挥控制能力成为传统作战力量提能、新质作战力量提质的关键。面对现实挑战，我军应当瞄准未来作战指挥需求，深化探索指挥信息系统体系化建设、实战化运用的方法路子，以数据流驱动指挥流、以信息力赋能战斗力，打造新质战斗力的增长极，推动实现多域力量按需聚合、指挥链路高效敏捷、作战体系精准释能，为备战胜战提供强力支撑。

目　录

第1章　绪论 ··· 1
  1.1　指挥信息系统概述 ·· 2
    1.1.1　指挥相关概念 ·· 2
    1.1.2　指挥信息系统内涵 ··· 3
    1.1.3　指挥信息系统功能 ··· 5
  1.2　美军指挥信息系统 ·· 7
    1.2.1　基本概念 ··· 8
    1.2.2　主要构成 ··· 9
    1.2.3　职能任务 ··· 11
  1.3　美国陆军战术级指挥信息系统 ··· 12
    1.3.1　基本概念 ··· 12
    1.3.2　主要构成 ··· 13
    1.3.3　职能任务 ··· 14

第2章　美国陆军指挥信息系统发展历程 ·· 16
  2.1　分散建设阶段 ·· 16
    2.1.1　建设背景 ··· 16
    2.1.2　基本结构 ··· 18
    2.1.3　主要特点 ··· 19
  2.2　集成建设阶段 ·· 20
    2.2.1　建设背景 ··· 20
    2.2.2　基本结构 ··· 22
    2.2.3　主要特点 ··· 23
  2.3　体系建设阶段 ·· 25

  2.3.1 建设背景 ·················· 25
  2.3.2 基本结构 ·················· 27
  2.3.3 主要特点 ·················· 29
 2.4 融合建设阶段 ·················· 30
  2.4.1 建设背景 ·················· 30
  2.4.2 基本结构 ·················· 31
  2.4.3 主要特点 ·················· 33
 2.5 未来发展动向 ·················· 35

第3章 美国陆军战术级指挥信息系统介绍 ·················· 40
 3.1 体系架构 ·················· 40
 3.2 战术级指挥控制系统 ·················· 42
  3.2.1 核心指挥控制系统 ·················· 42
  3.2.2 通用作战支援系统 ·················· 58
  3.2.3 升级发展系统 ·················· 71
  3.2.4 系统分析 ·················· 94
 3.3 战术级信息基础环境 ·················· 96
  3.3.1 标准综合指挥所系统 ·················· 97
  3.3.2 陆军通用操作环境 ·················· 99
 3.4 战术级信息通信系统 ·················· 112
  3.4.1 作战人员战术信息网 ·················· 112
  3.4.2 综合战术网 ·················· 123
  3.4.3 补充通信系统 ·················· 128
  3.4.4 系统分析 ·················· 138
 3.5 部队编配 ·················· 140
  3.5.1 装甲旅战斗队 ·················· 140
  3.5.2 合成营 ·················· 143

第4章 美国陆军战术级指挥信息系统运用 ·················· 145
 4.1 指挥系统部署 ·················· 146
  4.1.1 战术指挥所 ·················· 146

4.1.2　战术指挥系统体系结构 ·· 151
　　　4.1.3　战术指挥系统部署流程 ·· 159
　4.2　通信系统部署 ··· 164
　　　4.2.1　任务分析阶段 ·· 166
　　　4.2.2　需求收集阶段 ·· 170
　　　4.2.3　网络设计阶段 ·· 171
　　　4.2.4　网络构建阶段 ·· 174
　　　4.2.5　网络验证阶段 ·· 175
　4.3　系统组织运用 ··· 176
　　　4.3.1　计划制订 ··· 178
　　　4.3.2　作战准备 ··· 184
　　　4.3.3　作战实施 ··· 187
　　　4.3.4　评估 ·· 195

第5章　实战案例 ··· 200
　5.1　"内在决心"行动 ·· 200
　　　5.1.1　案例简述 ··· 201
　　　5.1.2　作战编成 ··· 201
　　　5.1.3　系统构成 ··· 203
　　　5.1.4　作战实施 ··· 205
　　　5.1.5　运用效果 ··· 207
　5.2　萨德尔城之战 ··· 209
　　　5.2.1　案例简述 ··· 209
　　　5.2.2　作战编成 ··· 211
　　　5.2.3　系统构成 ··· 212
　　　5.2.4　作战实施 ··· 214
　　　5.2.5　运用效果 ··· 216
　5.3　"落锤行动" ··· 218
　　　5.3.1　案例简述 ··· 218
　　　5.3.2　作战编成 ··· 218

5.3.3 系统构成 ⋯⋯⋯⋯⋯⋯⋯⋯⋯⋯⋯⋯⋯⋯⋯⋯⋯⋯⋯⋯⋯⋯ 221

5.3.4 作战实施 ⋯⋯⋯⋯⋯⋯⋯⋯⋯⋯⋯⋯⋯⋯⋯⋯⋯⋯⋯⋯⋯⋯ 222

5.3.5 运用效果 ⋯⋯⋯⋯⋯⋯⋯⋯⋯⋯⋯⋯⋯⋯⋯⋯⋯⋯⋯⋯⋯⋯ 235

5.4 "目标桃子"行动 ⋯⋯⋯⋯⋯⋯⋯⋯⋯⋯⋯⋯⋯⋯⋯⋯⋯⋯⋯⋯ 240

5.4.1 案例简述 ⋯⋯⋯⋯⋯⋯⋯⋯⋯⋯⋯⋯⋯⋯⋯⋯⋯⋯⋯⋯⋯⋯ 240

5.4.2 作战编成 ⋯⋯⋯⋯⋯⋯⋯⋯⋯⋯⋯⋯⋯⋯⋯⋯⋯⋯⋯⋯⋯⋯ 241

5.4.3 系统构成 ⋯⋯⋯⋯⋯⋯⋯⋯⋯⋯⋯⋯⋯⋯⋯⋯⋯⋯⋯⋯⋯⋯ 245

5.4.4 作战实施 ⋯⋯⋯⋯⋯⋯⋯⋯⋯⋯⋯⋯⋯⋯⋯⋯⋯⋯⋯⋯⋯⋯ 255

5.4.5 运用效果 ⋯⋯⋯⋯⋯⋯⋯⋯⋯⋯⋯⋯⋯⋯⋯⋯⋯⋯⋯⋯⋯⋯ 260

第6章 启示与思考 ⋯⋯⋯⋯⋯⋯⋯⋯⋯⋯⋯⋯⋯⋯⋯⋯⋯⋯⋯⋯⋯⋯⋯⋯ 263

6.1 高标准抓好装备系统建设 ⋯⋯⋯⋯⋯⋯⋯⋯⋯⋯⋯⋯⋯⋯⋯⋯⋯ 263

6.1.1 瞄准体系能力生成,优化装备型谱的顶层设计 ⋯⋯⋯⋯⋯ 264

6.1.2 加强前沿技术应用,加速系统功能的智能升级 ⋯⋯⋯⋯⋯ 265

6.1.3 注重装备实验验证,坚持系统建用的闭环发展 ⋯⋯⋯⋯⋯ 266

6.1.4 优化装备建设模式,压减装备系统的建设周期 ⋯⋯⋯⋯⋯ 267

6.2 高起点推动装备系统实战运用 ⋯⋯⋯⋯⋯⋯⋯⋯⋯⋯⋯⋯⋯⋯⋯ 268

6.2.1 紧盯前沿军事准备,抓好信息系统的实战检验 ⋯⋯⋯⋯⋯ 269

6.2.2 着眼于作战效能的发挥,抓好系统运行的标准规范 ⋯⋯⋯ 270

6.2.3 瞄准系统赋能增效,抓好装备系统的作战运用 ⋯⋯⋯⋯⋯ 271

6.3 高站位推动装备系统体系训用 ⋯⋯⋯⋯⋯⋯⋯⋯⋯⋯⋯⋯⋯⋯⋯ 272

6.3.1 构建紧贴实战、体系设计的训练内容 ⋯⋯⋯⋯⋯⋯⋯⋯⋯ 272

6.3.2 创新真联实抗、集成融合的训练方法 ⋯⋯⋯⋯⋯⋯⋯⋯⋯ 273

6.3.3 创设近似实战、要素齐全的训练环境 ⋯⋯⋯⋯⋯⋯⋯⋯⋯ 274

附录 ⋯⋯⋯⋯⋯⋯⋯⋯⋯⋯⋯⋯⋯⋯⋯⋯⋯⋯⋯⋯⋯⋯⋯⋯⋯⋯⋯⋯⋯⋯⋯⋯ 276

参考文献 ⋯⋯⋯⋯⋯⋯⋯⋯⋯⋯⋯⋯⋯⋯⋯⋯⋯⋯⋯⋯⋯⋯⋯⋯⋯⋯⋯⋯⋯ 318

第1章　绪论

21世纪，战争形态和战争模式发生了翻天覆地的变化，随着一大批无人化、智能化武器装备走上战场，战争已经进入"秒杀"时代。但无论作战理论、作战方式、作战要素和作战平台如何变化，背后都离不开指挥信息系统的支撑与保障。从某种意义上说，指挥信息系统建设的水平高低，已经成为战争胜败的重要砝码。为此，世界各军事强国均把指挥信息系统建设作为其重点发展的项目，其中，美军对指挥信息系统的建设无论是在技术水平上还是实战运用上，都走在了世界前列。陆军战术级指挥信息系统运用于战斗和对抗的最前沿，其性能对作战进程的影响更直接，敏捷响应能力要求更高，是各国陆军信息化发展的重要抓手。"他山之石，可以攻玉。"研究美国陆军战术级指挥信息系统建设与发展历程，对我国陆军战术级指挥信息系统建设与运用有很强的借鉴和参考意义。

1.1 指挥信息系统概述

指挥信息系统是伴随信息技术领域发展而诞生并发展的，在本质上是信息技术在军事指挥领域的具体应用，是服务作战指挥的工具手段，要把握其概念内涵应从军事应用本身的需求进行理解。

1.1.1 指挥相关概念

关于指挥的概念问题，美军没有独立的作战指挥理论学科对其进行理论阐述，关于其作战指挥的相关概念均以作战条令的方式进行明确。美国陆军新版野战条令（FM6-0）指出，指挥是指挥员在军衔上或通过授权获取对部属的合法权威，既包括有效使用可获取资源进行兵力计划、部署、组织、指导、协调和控制以完成赋予使命的职责权力，也包括维持其部属健康、财富、士气、纪律的职责权力。同时，美军联合作战条令还强调，指挥是有效使用可用资源完成受领任务的权限和职责。在所有级别上的指挥都是激励和指导人员和部队实施行动来完成任务的艺术。由此看来，指挥活动是一项任务复杂、对象多样、流程封闭的管理活动。

关于指挥与控制的概念，美军在《美军军语词典》中，将作战控制解释为授予指挥人员指挥其部队的权力（以便按限定的要求、时间和地点完成各项具体的任务），以及部署有关部队和保留或下放对这些部队的战术控制权，以监视部队效力状态和发现不符合既定标准的偏差并予以纠正。美军对指挥与控制的解读：指挥与控制是指挥员对部属行使职权，指挥与控制的对象不仅是部属人员，还包括系统、设施与程序等。指挥与控制的行为不局限于决策环内的决策和命令发布，还包括态势评估、计划和信息收集，从而确保战场兵力与作战系统在作战目标与意图上与指挥员保持一致。为达成这个目标，美军认为实施指挥控制的关键是增强通信联络，加强有关部队之间及其内部的协调行动，并形成一套减少不确定因素的行动规则。美军认为指挥控制主要职能包括：收集、处理、显示、存储、分发形成通用作战态势图（COP）的相关信息，在作战进程中正确使用和共享作战信息，支持指挥员发布作战意图信息、执行决策的指令以及根据战场态势变化而调整计划方案的指令信息，根据战场态势的变化调整指挥员的可视化信息，在作战准备和执行过程中，支持指挥员把握关键决策点。

　　从美军对指挥相关概念的定义和解读来看，达成有效的指挥和控制不仅是一门艺术，更是一门科学。通过信息技术手段和系统的支撑，更好达成作战目标。

1.1.2　指挥信息系统内涵

　　根据美国武装力量的术语学，指挥信息系统是指被联入计算机局域网、用于保证收集、分析和评估形势情报、支持决策、制订计划、布置和实时传达任务至部队（兵力）并监督其执行等过程自动化的信息处理、通信和数据传递设备的总和。在结构上，这些系统是布置在兵团、部队、分队、各种技术兵器以及单兵装备中的连入局域网的硬件和软件（以个人计算机为基础的负责人员自动化工作席位、通信和数据传递设备、定位设备、服务器和网络设备、全套通用和专用软件）的总和；在内涵上，美军对指挥信息系统的阐述，是一个由子系统多个要素集成的、为各军兵种联合作战提供信息保障和辅助决策的综合集成军事信息系统，是一个由各系统组件根据相互之间的联系关系进行综合设计、融合运用的信息平台，是一个战场指挥控制系统、武器制导系统、综合保障系统等多系统互联互通的综合枢纽。

从这里可以看出，指挥信息系统有狭义和广义两种理解方式。狭义的指挥信息系统是指综合运用以计算机和网络技术为核心的信息技术，以保障各级指挥机构对所属部队及武器平台实施科学、高效的指挥控制为目的，实现作战信息从获取、传输、处理到利用的自动化，具有指挥、控制、通信、信息处理、情报、侦察与监视功能的军事信息系统。

广义的指挥信息系统是指综合运用以计算机和网络技术为核心的信息技术，以提高诸军兵种一体化联合作战能力为主要目标，以共用信息基础设施为支撑，具有指挥、控制、通信、信息处理、情报、侦察与监视功能的一体化、网络化的各类军事信息系统总称。由此看来，广义的指挥信息系统不仅包括了具有7个功能要素的指挥信息系统，而且包括了信息服务、数据服务、计算服务、信息安全设施等公用信息基础设施。

关于指挥信息系统的概念，我军认为其是以计算机及其网络为核心，能够实现对作战信息的获取、传输、处理与利用，具有指挥控制、情报侦察、预警探测、通信、电子对抗和其他作战信息保障功能的军事信息系统。从概念来看，指挥信息系统是围绕指挥活动需求构建，为指挥活动提供信息处理的自动化系统的总称，其核心在于对作战信息的采集与处理，以更快的速度、更好的信息保障质量服务指挥活动。

1.1.3 指挥信息系统功能

不同的指挥信息系统虽然有着不同的任务目标和应用领域，但它们一般都具有以下基本功能。

一是信息获取功能，即通过各类传感器系统和各种情报系统，获取所需战场相关信息，信息获取的手段主要对应自动化指挥系统（C^4ISR）中的ISR，即情报、侦察与监视。在获取信息时往往需要进行传感器级别的信息处理，包括信息的识别、特征提取、分类、判定、估计、存储、输出，获取的信息种类有敌情、我情、友情、气象、海洋、天文、地理、社情等。信息获取的基本要求是致力于使所获得的信息真实、完整、准确和实时。

二是信息传输功能，即采用多种通信手段，基于各种战场通信系统，按照一致的网络传输协议，将信息从发送端发送到接收端。信息传输功能主要实现指挥信息系统各个组成部分之间的信息交换与传输，要求快速、准确、可靠、保密和不间断。

三是信息处理功能，即按照一定的规则和程序对信息进行加工，使信息具有更好的易用性、可用性和关联性。信息处理涵盖的范围较广，存在于指挥信息系统的各个组成要素与指挥控制业务流程的每个环节中，不仅包括一般意义上的信息分类、存储、检索、分发、输出等，而且包括信息获取功能中传感器级的信息处理，还包括支撑信息系统运行的信息登录、格式检查、属性检查等信息处理，也包括经过数据挖掘支撑作战活动的信息融合、数据挖掘、统计计算、效能评估、威胁估计、目标分配、战术计算等深层次、内容复杂的复合型信息处理。

四是辅助决策功能，即通过系统的运算、判断和仿真，辅助指挥员分析判断情况、拟制作战方案、评估方案效能，提高指挥员决策科学化水平。辅助决策以人工智能和信息处理技术为工具，以数据库、专家系统、建模技术为基础，通过计算、分析、优化、仿真、评估等手段辅助指挥人员制定和优化作战方案与保障预案，进行作战仿真推演与评估，组织实施作战指挥等。

五是指挥控制功能，即指挥员根据选定的方案确定决心、给所属部队下达作战指挥命令，并对作战部队和武器系统进行指挥引导、状态监视、趋势预测、调整控制。其还包括为配合硬杀伤武器的攻击,指挥控制电子战系统对敌方实施电子干扰等。

六是资源管理功能,即针对战场环境中数据、模型、通信信道、电磁频谱、物资、装备、人员、信息服务等各类实体与虚拟作战资源进行优化配置、精确保障和动态管理。在信息化战争条件下,不仅要对传统的人员、物资、装备等实体资源进行精确化和智能化管理,以满足各类保障需求,还要对数据、模型、电磁频谱、信息服务等虚拟资源进行按需分配,并能够根据任务和资源状态的变化进行动态的调整。

七是信息对抗功能,即对敌方的信息、电子系统进行压制、削弱、破坏、欺骗,同时抵御敌方的类似攻击,保护己方系统在受到攻击和各类战场环境影响下发挥最大效能。信息对抗在攻击手段上可分为利用火力或高能辐射武器直接摧毁的硬杀伤,以及利用网络攻击或信息迷茫等方法的软杀伤,其功能涵盖了传统意义上的电子对抗、信息对抗、安全保密、信息安全等一系列领域。

1.2 美军指挥信息系统

美军指挥信息系统的内涵与组成是随着信息领域技术仿真和作战需求变化而不断演进的,其名称经历了从C^2、C^3、C^3I、C^4I、C^4ISR到C^4KISR系统的发展过程,但实质都是提高指挥效率、增强作战效果。

1.2.1 基本概念

美军的 C^4ISR 系统即指挥信息系统，指挥控制系统是 C^4ISR 系统的核心。《美军军语词典》对指挥控制系统的定义是"对指挥人员计划、指导和控制隶属与配属部队至关重要的设施、装备、通信、程序和人员"。认为它是军事指挥员对其所属部队行使权力、进行管理及发号施令时所用的各种设备、器材、程序软件及各种工作人员的总称。其内涵是综合运用以计算机为核心的各种技术，实现军事信息收集、传递、处理一体化与智能化，保障对军队和武器实施指挥与控制的军事信息系统。C^4ISR 系统将遍布战场各空间的侦察、监视、预警、情报和指挥、控制、通信、计算机系统有机地连为一体，实现高感知度的战场侦察、监视预警和高效的指挥控制。2001年，美国国防部高级研究计划局（DARPA）提出了 C^4KISR 的概念，即在 C^4ISR 系统之中嵌入杀伤、摧毁能力，依托信息网络将地（海）面、空中和太空的各种传感器、指挥控制中心和武器平台集成为一体化的系统，实现侦察监视、决策控制、杀伤破坏、战损评估等作战过程一体化，其实质是将指挥系统和武器系统通过网络进行耦合，实现作战资源的网络化、精确化组合，从而实现在合适时间、合适地点对合适类型目标的发现、打击和杀伤，实现"发现即摧毁"的作战目标。

1.2.2 主要构成

按照美军《国防部信息企业体系结构》2.0版对国防部信息系统架构的描述，C^4ISR系统框架主要由基础支撑部分、信息基础设施、任务应用服务、作战成员要素、任务保证（网络运维和信息保证）以及信息管理六个方面组成。从具体功能上看主要由指挥、控制、通信、计算、杀伤、情报、监视、侦察八类要素构成，这些要素包括了传感器及其平台、信息利用系统、指控系统和武器系统。按美军的指挥体系划分，可将指挥信息系统分为战略指挥信息系统和战术指挥信息系统，战役层次作为过渡层未明确区分，如图1-1所示。

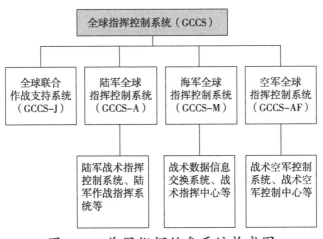

图1-1 美军指挥信息系统构成图

美军战略指挥信息系统主要指全球指挥控制系统（GCCS），是实施危机管理和多军兵种以及联合部队作战的指挥信息系统。GCCS功能系统包括9个分系统：物资器材供应分系统、运输分系统、医疗分系统、司法分系统、宗教分系统、财务分系统、军乐分系统、人事分系统、弹药（危险品）无害化分系统。从结构上看主要包括全球联合作战支持系统（GCCS-J）、陆军全球指挥控制系统（GCCS-A）、海军全球指挥控制系统（GCCS-M）、空军全球指挥控制系统（GCCS-AF）。其中，全球联合作战支持系统是全球指挥控制系统的核心，是实施联合作战的基础，是战区进行作战计划、辅助分析、联合作战指挥和筹划的基本工具，能够为战区司令部和联合特遣部队指挥人员在各种军事行动中计划、实施、控制和后勤行动的全频谱支持。陆军全球指挥控制系统是陆军战略指挥控制系统，能够为战略级指挥员提供战备、计划、动员和部署能力信息，为战区指挥员提供通用作战态势图（COP）和敌我双方状态信息、部队部署技术和执行状态，并实现与联合部队和战术部队指挥信息系统的互操作，保障从战略指挥员到陆军战术作战力量的无缝连接。海军全球指挥控制系统是美国海军战略级指挥控制系统，也是海军"哥白尼"计划的重要组成部分，能为岸基和海上战斗群/特混舰队指挥员提供近实时的通用作战态势图，通过接收、恢复、显示战术态势信息，辅助指挥员进行指挥决策，使作战人员能够计划、协调、引导、控制、执行和评估海军作战和联合作战。空军全球指挥控制系统是空军战略指挥信息系统，能在必要的时间和地点为空军军级到战略级指挥所提供数据信息的分发手段，能够提供态势感知、兵力部署、军事力量规划、情报和作战支持能力。

战术层系统主要包括：陆军战术指挥控制系统（ATCCS）使陆军在提高现有信息共享能力的基础上，拥有高效的战术信息处理和分发能力；陆军作战指挥系统（ABCS）融合了陆军全球指挥控制系统、陆军战术指挥控制系统和21世纪旅及旅以下部队作战指挥系统（FBCB^2），可为陆军战术级部队提供实时战场态势感知和数字化战场空间的信息共享。空军战术指挥信息系统有战术空军控制系统、战术空军控制中心、敌情相关单元、空军战术通信系统、综合电子战系统、联合监视与目标攻击系统、机载自卫干扰机、精确定位和攻击系统等。海军战术指挥信息系统包括空地情报系统、综合火力与空中支援系统、战术作战系统、战术空战中心、位置标定报告系统、综合人事系统、评价与分析系统、综合后勤系统、战术数据信息交换系统和战术指挥中心等。

各层次系统采用统一标准、规格和程序的软硬件基础平台，通过功能附件和接口实现GCCS与各军兵种和业务系统进行信息交互、协同，从而确保全球指挥控制系统与所有层次系统在各个作战领域能够进行信息通联。

1.2.3　职能任务

指挥信息系统针对不同的保障对象，各个层次系统的任务各有不同，从整体上说，系统主要包括以下任务：战场态势、敌我军队情况收集、处理、评估与展示；及时向指挥员预警潜在侵略；指挥决策的信息与计算支持；向部队（平台）传达命令（指令）；收集有关命令（指令）接受及执行情况的报告；办理和发送作战信息文件和总结信息文件。具体来说主要具备搜索并发现目标、识别目标、决策、继续识别目标、攻击目标、战损评估、研究和预测态势、制订作战计划、作战协同等10项功能，其中前7项功能支撑杀伤链的形成。

1.3 美国陆军战术级指挥信息系统

美国陆军战术级指挥信息系统直接服务于一线作战人员，为战术级作战任务提供情报侦察、指挥控制、信息通信、后勤保障支撑，是其陆军指挥信息系统建设的重点。

1.3.1 基本概念

美国陆军战术级指挥信息系统（tactical-C^4ISR）主要是指师或师以下部队以车载和机载等机动平台为载体的集指挥、情报和通信等能力于一体的信息系统。在作战运用上，主要基于全球信息栅格网（GIG）、联合信息环境（JIE）接入国防部信息企业，对上提供陆军全球指挥控制系统和全球联合作战支持系统交互接口；对下基于战场信息通信网络和信息基础设施，提供战场信息获取、传输处理、辅助决策、指挥控制、资源管理和信息对抗等能力支撑。

1.3.2 主要构成

美国陆军战术级指挥信息系统从系统规模和承担任务角度可分为作战指挥系统和作战任务系统两类。其中，作战指挥系统用于师、旅和营等指挥所，内部集成情报、侦察、电抗、火力、工化、防空等合成指挥以及测绘、气象和水文等作战保障业务，主要满足指挥员作战指挥与控制的需要，包括指挥控制系统（如机动控制系统（MCSI））、情报侦察系统（如全源情报分析系统（ASAS））、预警探测系统（如战术空域综合系统（TAIS））、通信网络系统（如作战人员战术信息网（WIN-T））、导航定位系统（21世纪旅及旅以下部队作战指挥系统/蓝军跟踪系统（$FBCB^2$/BFT））、电子对抗系统（如情报电子战系统）等。作战任务系统用于营以下单元，一般搭载特定的任务平台，可细分为侦察、感知、协同、引导等具体任务功能系统，用于完成特定战术级作战任务，例如作战坦克的车电系统、防空导弹的制导控制系统、远程火炮的火控系统等。

美国陆军战术级指挥信息系统按机动属性可分为标准化综合指挥所系统、车载移动作战指挥系统、机载指挥与控制系统和携行式指挥信息系统等。其中，标准化综合指挥所系统主要采取临机搭建指挥作业帐篷的形式开设，主要为军、师、旅指挥人员提供战役级指挥作业平台，以及具备联合能力的计算、存储、网络物理基础设施。车载移动作战指挥系统主要依托指挥车辆开设，为机动过程中指挥人员提供高度机动的、独立的、可靠的车载数字化作战指挥平台。机载指挥与控制系统主要依托由UH-60直升机开设，具有高机动、自主式和可靠的综合数字指挥能力，为使用单位和行动单位的指挥人员，无论从临时任务地点还是在作战空间中穿越，均能保持态势感知和进行指挥控制。携行式指挥信息系统主要依托单兵携行的个人数字终端，通过战场信息网络进行互联，提供目标上报、行动协同、态势展现、行动规划等指挥控制能力支持。

1.3.3 职能任务

当前美国陆军指挥信息系统主要包括六大功能领域，即作战指挥控制、火力协调与控制、防空与反导指挥、信息网络与终端、情报处理与融合和企业信息系统，主要具备在军种联合、跨机构和盟军行动中，对陆军部队进行任务计划、部署、态势感知、指挥决策和保障等功能，支撑任务式指挥作战、运动与机动作战、情报作战、火力作战、保障作战、防护作战等职能任务。

从战术指挥的需求来看，美国陆军战术级指挥信息系统旨在使作战指挥员及参谋人员掌握实时正确的战场信息，并在安全可信的前提下更迅速、更正确地下达作战命令，达成有效指挥部队和武器系统执行作战任务的目标，在支撑作战层面主要具备五项基本职能。一是支撑任务式指挥作战，为陆军战术作战指挥提供准确、及时的状况信息和态势认知，辅助指挥人员和参谋人员收集、处理、分析、分配和交换战场信息以及传送命令，支持对作战部队和武器系统进行指挥引导、状态监视、趋势预测、调整控制。二是支撑运动与机动作战，为所有部署分队、指挥所提供快速高效的战术共享信息，为规划、协调、监视和控制战术作战提供自动化、在线和近实时能力。三是支撑战术情报作战，自动准备战场情报、生成相关地面图像、产生地面作战态势，分发情报信息、提供任务目标、管理情报与电子战资源，为指挥人员提供进行地面作战所需的全源情报。四是支撑火力作战，对各种传感器接收的目标进行优先排序，并使用态势数据结合指挥人员的指导进行攻击分析，有效管理对预先计划目标和时间敏感目标进行及时、准确的攻击或支援。五是支撑保障作战，采集、储存、分析和分发战术后勤资料，对收集的资料进行分析整理，使各级指挥人员和参谋及时掌握作战过程中部队后勤补给的情况，支援现阶段和未来作战。

第2章 美国陆军指挥信息系统发展历程

自20世纪80年代以来，随着美军作战指挥概念的不断演进，在作战军事需求和电子信息技术的共同推动下，其指挥信息系统建设发展呈现出与时俱进、支撑作战的显著特点。从其发展的历程来看，主要经历了分散建设阶段、集成建设阶段、体系建设阶段和融合建设阶段四个阶段，如图2-1所示。从发展趋势来看，大致经历了从简单到复杂、从初级到高级、从兵种到合成、从单一功能到复合功能、从单网互联到跨域联通、从兵种自建到融入联合的发展变化。以下着重研究每个阶段美国陆军指挥信息系统的建设特征，以便为我军建设提供思路。

2.1 分散建设阶段

2.1.1 建设背景

20世纪80年代，美国陆军1982年版《作战纲要》提

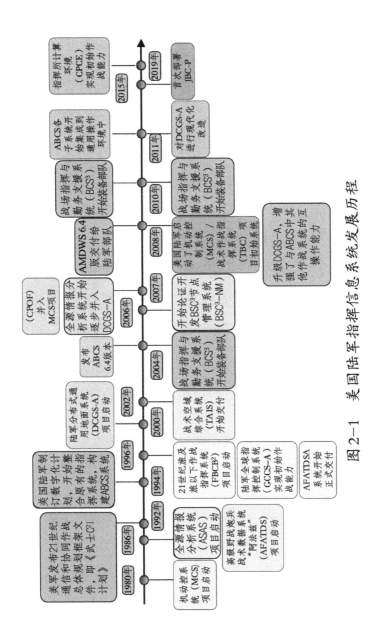

图 2−1　美国陆军指挥信息系统发展历程

出了进攻性更强的"空地一体战"思想。其主要内容包括：一是引入战役概念；二是强调全纵深作战；三是强调空中力量与地面力量的紧密配合。相对于"积极防御"思想而言，"空地一体战"思想更强调进攻，核心是主动打击敌方后续梯队。同时随着信息领域的集成电路、计算机、无线通信等技术的成熟运用，美军为适应这种作战概念的变化，及时将一些大型主机和简易计算终端在军事指挥领域进行推广应用，不断升级完善其指挥信息系统的处理能力。在对利比亚的"草原烈火"行动中，美军就通过使用精确制导武器、电子战和指挥自动化系统等，实现了多军兵种联合作战，拉开了现代化作战的序幕，使仍然停留在传统作战方式的利比亚军队受到了巨大的打击。海湾战争期间美军使用战区一体化C^3I系统，组织28个国家的70多万陆军、海军、空军部队进行联合作战，首次展现出综合电子信息系统在高技术战争中的巨大作用。

2.1.2 基本结构

20世纪80年代末，美国陆军基本建成了战术级C^3I系统——陆军战术指挥控制系统（ATCCS），又称"五角星"系统，如图2-2所示。系统集成了机动作战、火力支援、近程防空、勤务支援、情报与电子战等兵种指挥功能和指挥系统，能够将系统内的传感器、指挥所和武器平台有机地连为一体，具有"烟囱"式的纵向综合能力，但是横向之间还不能实现互操作，不能实现与其他军兵种或盟军的指挥控制系统接口。

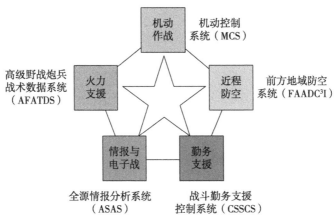

图 2-2　美国陆军战术指挥控制系统架构

2.1.3　主要特点

这个阶段的主要特点是基于平台中心战的理念，确立了以指挥控制为核心、以通信为依托、以情报区分为灵魂的一体化信息系统体制。在建设上，着重围绕指挥所开展建设，形成适用于陆军作战指挥的专用指挥信息系统，基本实现面向作战指挥信息采集、处理、传输和指挥决策过程中部分作业的"自动化"，军种内各级指挥信息系统实现纵向逐层互联，呈现出纵向单线的特点，基本解决了军种内部独立作战指挥控制问题。

2.2 集成建设阶段

2.2.1 建设背景

20世纪90年代到21世纪初，世界格局发生了巨大变化：德国统一、海湾战争、华约消亡和苏联解体，美军在军事战略上做出了一系列调整，加紧了对军事理论的创新与探索，相继提出了"网络中心战""基于效果作战"和"快速决定性作战"等作战概念，并成为美军重点探索和试验的理论。"基于效果作战"以约翰·沃登和博伊德为代表的战略瘫痪理论为基础，强调在打击目标和作战效果间建立密切的联系，重在破击敌人作战体系，摧毁敌人意志，而不是过分强调歼灭敌人有生力量。实施以效果为出发点和目的的作战行动，发挥美军信息作战和精确作战优势，同步实施各种作战，连续不断给敌人施加强大压力，从而在精神和意志上震慑并击垮对手。

在信息技术领域，随着网络化、信息化正在推动人类社会发生广泛而深刻的变革，网络技术的发展使军队能够实时或近实时地获取、传输和处理各种信息，能够在很短时间内完成过去根本不可能完成的作战任务。能够对分布于战场空间的作战力量实施同步指挥，能够利用信息化弹药实施远程化、精确化打击，这从技术侧加速了美军指挥信息系统的网络化进程。与此同时，其指挥信息系统在海湾战争应用过程中暴露出各类指挥信息系统互联互通性差、相互脱节的问题，尤其是在打击伊军导弹阵地时，出现情报、指挥反应不及时，与武器不协调等问题，部队对指挥信息系统的升级建设呼声强烈。

1996年2月，美军参联会副主席威廉·欧文斯提出了类似"综合集成"的"系统集成"（system of systems）概念，指出"军事革命的本质就是系统集成"。在此基础上，美军提出了融合陆、海、空"三军"的"武士"C^4I计划，信息系统建设开始由分立式、封闭式的独立系统，向集成为分布式、开放式的大系统转变。在此框架下，美国陆军部队推出了"用信息时代的方法创建信息时代的部队"的建设概念，提出了著名的"21世纪部队"数字化建设计划。1998年11月，美国陆军在胡德堡基地进行数字化师先进作战实验，检验了"21世纪部队的师编制"方案，评估了向"21世纪陆军"转变中所应用的新技术及作战思想。1998年6月，美国陆军确定了数字化重型师，即"21世纪重型师"的编制和主要装备，数字化骨干系统"21世纪部队旅及旅以下部队作战指挥系统"逐步列装陆军各级部队，第4机步师第1旅率先完成了数字化装备的换装，成为美国陆军第一个数字化旅。2000年底，第4机步师按新编制和新装备完成了向数字化师的过渡，成为美国陆军第1个数字化师。2001年4月，该师又举行了师级"拱顶石"演习，以检验数字化装备的实战能力。演习之后，原美国陆军参谋长认为："这次演习证明，态势感知能力的增强和技术的进展，在制定未来目标部队能力需求方面，起着先驱的作用。"

2.2.2 基本结构

在这个阶段，美国陆军信息系统建设标准得到进一步规范，一体化水平取得突破，通过信息系统的集成建设基本实现了各兵种信息系统之间的互联互通。美军采用开放式体系结构和模块化设计的方法，建设形成了陆军作战指挥系统，综合运用互联网协议（TCP/IP）、路由器和无线通信技术，建成了野战机动战术互联网，将原有的火力支援（高级野战炮兵战术数据系统，AFATDS）、机动作战（机动控制系统，MCS）、近程防空（防空反导计划控制系统，AMDPCS）、情报电子（全源情报分析系统）、战斗勤务支援（战斗勤务支援控制系统，CSSCS；战场指挥与勤务支援系统，BCS^3）等各兵种和业务系统，通过机动互联的战场信息网络连接形成一个整体，如图2-3所示。ABCS不但对内实现了陆军内部诸兵种之间的互联互通，使陆军的指挥、控制、通信和情报系统实现了"横向一体化"，而且对外通过全球指挥控制系统实现了和美军其他各军种及各战区司令部的互联互通，共同构成了美军完整的一体化作战指挥控制体系。ABCS研制成功后首先装备第4机步师试用，然后逐步向其他部队推广。装备了ABCS 6.4的第4机步师在美军于2005年3月至4月举行的"红旗/流沙"联合军事演习中进行了作战试验，后期，所有参加伊拉克战争和阿富汗战争的美国陆军师部和旅战斗队都装备了ABCS 6.4。

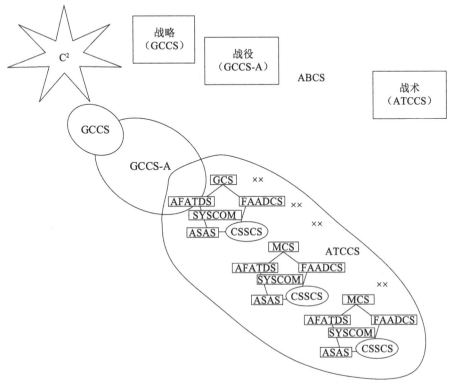

图2-3 美国陆军作战指挥系统架构

2.2.3 主要特点

在这个阶段,美军指挥信息系统建设的主要特点是基于网络中心战的理念,通过加强技术标准、技术体制等标准化工作,实现基于国防信息基础设施(DII)支撑的"综合化",主要的进步表现在系统规模架构更大、系统组成要素种类更多、跨军兵种的信息交互能力更强、系统运行效率更高、系统联通效率更快等方面,在具体运用中的鲁棒性和容错性也有了较大进展，较好实现了指挥控制由"点"到"面"的拓展。

在系统功能方面，系统整体的信息交互能力和共享能力有了较大跃升，通过联合共享数据库、信息自动订阅/分发、信息推送和信息点播等方式，实现了各功能系统之间信息的有效交互，较好地实现了陆军战术指挥控制系统、新增系统与通信设备进行综合集成，逐渐实现从班级或排级到国家指挥总部的互联互通。

在计算环境方面，通过应用分布式计算、集群计算等方式，广泛采用了Linux、Unix、VxWorks等操作系统，以及面向对象和基于组件的软件设计开发方法，形成了层次化联网的树状结构，具备了一定的跨军兵种交互能力，推动各军兵种系统面向联合作战指挥的互联互通，具有高度集成化的特点。

在通信网络方面，基于广域无线通信技术和宽带网络技术，建成了集光纤通信、卫星通信、数据链和超短波通信于一体的机动固定相结合的战场通信系统，具备了语音、数据、图像和视频等综合通信业务的保障能力。

存在的主要问题表现在：系统结构的灵活性还比较有限，信息发现与共享的效率还不高，战术节点功能过于集成臃肿，运动状态下的信息通联还不流畅等。

2.3 体系建设阶段

2.3.1 建设背景

2009年前后，由于美军将反恐重心由伊拉克转向阿富汗，以及朝核危机等事件的影响，美军逐渐将其战略重心向亚太地区调整。为应对中国和平崛起带来的压力，全方位遏制中国发展，美国空军参谋长和海军作战部长秘密签署一项备忘录，决定一起共同开发"空海一体战"概念，后更名为"全球公域内的联合介入与机动"概念。2012年，美军推出新版《顶层作战概念：联合部队2020》，正式提出了"全球一体作战"理论。该理论的核心：综合运用美国及其"利益攸关方"的军事与非军事力量，通过全球性机动完成力量快速整合，形成"跨领域、跨层级、跨战区、跨机构"的一体化作战能力，发挥美军独特优势，有效控制或迅速击败对手。

这些作战概念的提出，迫切需要在指挥控制领域做出与自适应的调整和改革。为此，美国陆军开展了未来战斗系统（FCS）项目，尝试开发多功能、网络化、轻型化和智能化的陆军武器系统家族，并试图将地面、空中的各种有人、无人平台和弹药融入统一的信息网络。FCS第一次开发由多种系统集成的多功能、网络化、轻型化和智能化的武器家族，依托通用操作环境、战斗指挥软件、通信与计算机系统，以及情报、侦察与监视系统构成的信息系统，尝试将8种有人驾驶车辆、8种空地无人操控系统、2类智能化弹药和作战人员集于一体，产生体系作战的效果。例如，FCS的传感器和平台层包括一系列分布式、网络化的多功能传感器，使FCS旅战斗队（FBCT）具备"先敌发现"能力。情报、监视和侦察传感器将被集成到FCS所有有人操控系统和无人操控系统平台上，能够完成多种信息采集任务，向作战人员提供实时精确的信息。尽管FCS项目在进入生产与部署阶段之前就整体夭折，但在技术侧的很多方面的成果为后续指挥信息系统的发展带来革命性变化。

在这个阶段，信息领域在网络技术和信息处理技术上发展迅速，大数据、云计算、物联网、移动宽带技术开始在商业领域迅速推广，信息栅格技术、面向服务的体系架构、机动战术云等技术为指挥信息系统的建设提供了新视野、新理念和新方法。2011年，美国国防部提出联合信息环境概念，将国防部信息企业建设导向由"以网络为中心"转向"以数据为中心"。2012年，美军联参信息系统局发布《GIG集成主计划3.0》，提出要建立基于云计算的GIG技术框架，将普通服务层、平台服务层、基础设施服务层、任务保障服务以及企业服务管理纳入框架内。2013年，美军废止了"GIG"一词，取而代之的是，国防部信息网（DODIN），力求通过实现国防部信息网络的核心网络现代化，实现信息领域关键能力的提升。

2.3.2 基本结构

这个阶段美国陆军指挥信息系统主要从三个层面进行架构，如图2-4所示。

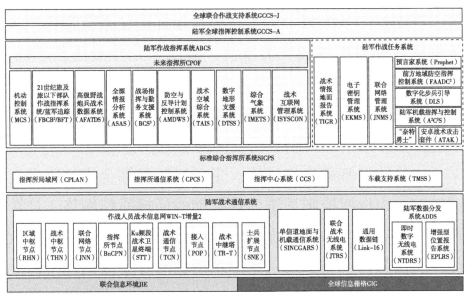

图2-4 体系建设阶段美国陆军指挥信息系统架构

一是指挥控制系统层面。主要形成了以陆军作战指挥系统11个功能系统为核心，以战术情报地面报告系统（TIGR）等任务系统为补充，上联联合作战指挥系统，下通班排任务分队，主要有三类系统。第一类是取代陆军全球军事指挥控制系统的军种级陆军全球指挥控制系统，作为陆军的战略与战役指挥控制系统，主要编配军及军以上指挥机构，实现陆军与美军全球指挥控制系统直到国家指挥总部的互联互通。第二类是升级后的兵种级第二代陆军战术指挥控制系统，提供从军到营的指挥控制能力，主要包括机动控制系统、21世纪旅及旅以下部队作战指挥系统、防空反导工作站、全源情报分析系统、战场指挥与勤务支援系统、高级野战炮兵战术数据系统五个核心指挥控制系统和数字地形支援系统、综合气象系统、战术空域综合系统、机动控制系统四个为上述核心指挥控制系统提供相关数据支撑的通用作战支援系统。第三类是作战任务系统，包括"奈特勇士"、数字化步兵引导系统（DLS）、战术情报地面报告系统等作战任务系统，用于保障具体作战场景下的任务分队指挥控制、行动协同、电子作战等。

二是信息基础环境层面。主要以标准综合指挥所系统（SICPS）为指挥控制系统提供标准的局域通信网络、计算环境、存储环境和运维保障，通过将陆军作战指挥系统软件、通信装备、内部通信系统和局域网等集成到陆军标准平台（车辆和方舱）及帐篷中，满足机步、装甲、轻步兵、山地等各类型部队开设指挥所时使用，包括指挥所局域网（CPLAN）、指挥所通信系统（CPCS）、指挥中心系统（CCS）、车载支持系统（TMSS）等计算、存储、网络支撑环境。

三是信息通信系统层面。作为上层应用的信息通信网络支撑，这个时期的通信系统主要以作战人员战术信息网为核心，以单信道地面与机载通信系统（SINCGARS）、联合战术无线电系统（JTRS）、陆军数据分发系统（ADDS）等为补充。其中，WIN-T增量2是这个时期的主要配置，主要由战术通信节点（TCN）、战场接入节点（POP）、士兵扩展节点（SNE）、车载无线包（VWP）、卫星通信拖车（STT）、战术中继塔（TRT）等组成。这些通信节点中，既有独立通信车辆（TCN），也有通信拖车（STT、TRT），还有模块化通信系统包（POP、SNE、VWP），较好支持了通信能力的按需集成和通信节点的灵活编配。

2.3.3 主要特点

这个阶段的建设，基于数据中心战的基本理念，实现在全球信息栅格和联合信息环境框架下的"网络化"，基于企业级信息环境，实现计算、通信、应用、数据的高度融合，具备"即插即用、柔性重组、按需服务"的能力特征，具有数据信息融合统一的特点。

在系统功能上，充分运用各类计算模型、人机交互技术和模拟推演系统，加强了辅助决策的支撑能力，提供作战方案评估智能决策、野战防空智能决策、系统工程作战模拟等辅助决策功能，并在协同指挥控制方面取得一定进步。

在系统架构上，通过联合信息环境基础设施把指挥信息系统组成要素与指挥对象融合成一个整体，并能通过动态重组其组成要素和功能来适应任务的变化，从而具备完成多样化作战任务、具备应对多种安全威胁挑战的能力。

在技术实现上，采用面向服务的软件结构，使用服务共享的方式将网络上分布的软件资源进行调用集成，通过服务聚合实现多种功能的组合，通过软件和网络新技术的应用，指挥信息系统在开放性、灵活性、高效性和鲁棒性等方面有了较大的进步，并呈现出面向栅格的特点。

在网络支撑上，由远程网发展成栅格网，具有"无缝连接、路由迂回、带宽可管、网系融合"的鲜明特点，采用以多协议标记交换技术、智能光传送网技术和动态IP路由技术等为核心的栅格化信息网络建设，使得综合通信和网络业务能力有了较大提升。

2.4 融合建设阶段

2.4.1 建设背景

21世纪第二个十年，随着美军在陆地、海洋、空中、太空、网络空间、电磁空间等作战域的优势被极大削弱或被抵消，美军认为未来作战任务部队不会再处于较低强度、单一战域、优势压制、机动自由的对抗环境，而会与对手在多个作战域展开全程、多维、立体的高强度对抗。为保持未来作战优势，2016年美国陆军最先提出"多域战"理论，2017年美国陆军和海军陆战队联合发布《多域战：21世纪的合成兵种》白皮书，2021年发布《陆军多域转型——准备在竞争和冲突中取胜》，多域战逐步从概念演进形成作战条令。其核心思想就是强调打破军种、领域之间的界限，各军种在陆、海、空、天、网等领域拓展作战能力，以实现同步跨域火力和全域机动，夺取物理域、认知域以及时间方面的优势。

与此同时，新一代信息技术在网络互联的移动化和泛在化、信息处理的集中化和大数据化、信息服务的智能化和个性化等方面得到飞速发展，以网云融合为代表的技术应用，将人、机、物通过泛在网络和计算形成三元融合的世界。在此背景下，2019年，美国国防部相继发布《国防部云战略》和《国防部数字现代化战略》，力图通过实现IT现代化，向作战部队提供无缝、敏捷、弹性、透明和安全的基础设施和服务，优化与任务伙伴的信息共享。在此基础上，美国陆军开始逐步进行陆军转型进程，通过系统对比"现有能力"与"任务能力"的差距，在"全域战争理论"的顶层设计下，对其作战思想、部队编制、装备体系进行重大革新与重构。从2018年开始，陆军指挥信息系统启动了大规模现代化换装计划，从统一网络、通用操作环境、互操作性和指挥所机动性四个方面，实施陆军网络现代化战略，力图通过"能力集"（CS）建设，继续迭代推进战术网现代化，以提供更强的互操作性和通用的态势感知能力，无论作战人员是在车上还是徒步，都能看到界面一致的共用作战图。

2.4.2 基本结构

这个阶段，美军在体系架构上没有大的变化。在具体系统上，利用其在大数据、云计算、人工智能、网络安全，以及指挥、控制与通信等方面的技术优势，在功能系统上进行了一系列的升级和调整，如图2-5所示。

一是指挥控制系统层面。主要对陆军作战指挥系统多个功能系统进行了升级换代，以更好融入联合全域指挥与控制（JADC^2）系统。其中，面向战术层次指挥的联合作战指挥系统（JBC-P）逐渐取代21世纪旅及旅以下部队作战指挥系统，综合防空与反导作战指挥系统（IBCS）取代了防空反导工作站（AMDWS），陆军分布式通用地面站情报系统取代了全源情报分析系统，蓝军追踪系统升级到BFT 2.0。在任务系统方面，大力发展无人机控制最佳角色分配管理控制系统（SCORCH）等无人作战系统，集成视觉增强系统IVAS、网络勇士未来计划NWFI等单兵信息系统。

二是信息基础环境层面。对标准综合指挥所系统（SICPS）进行了升级发展，形成了以陆军通用操作环境（COE）为基础的通用计算环境，将涉及火力、后勤保障、情报、保护、行进和机动任务的能力整合到单一、直观的环境中，通过通用作战态势图及扩展应用、通用服务层来实现陆军的各种作战功能，并将战术计算环境与国家或战略资源连接起来，增强多域作战指挥的灵活性。具体组成包括指挥所计算环境（CPCE）、陆军车载计算环境（MFoCS）、数据中心/云/力量生成计算环境等支撑环境。

三是信息通信系统层面。通信系统逐步过渡到以综合战术网络（ITN）为核心，以战斗网无线电台（CNR）、联合战术无线电系统、陆军数据分发系统为补充的架构。其中，综合战术网络作为新的作战概念，主要在作战人员战术信息网装备基础上，通过引进先进的组网波形、战术数据链路主机、系留无人机、战术数据中心、小孔径卫星通信、战术媒体服务器、数据链网关、铱星终端等设备，并采用"开发运营"（DevOps）模型，提升拒止、间歇和在有限带宽（DIL）环境下的通信能力。

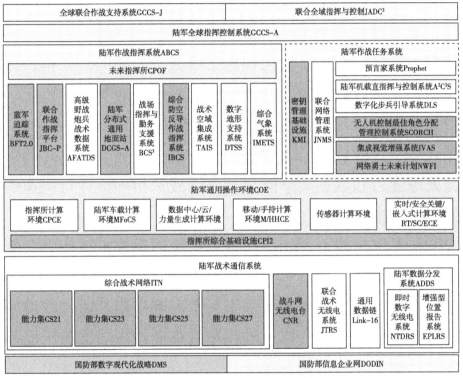

图 2-5 融合建设阶段美国陆军指挥信息系统架构

2.4.3 主要特点

这个阶段建设的主要特点是基于多域战的理念，实现基于国防部数字现代化战略（DMS）框架下的"服务化"，为作战部队提供无缝、敏捷、弹性、透明和安全的基础设施和服务，具有云网融合、智能安全的特点，主要成果是实现软硬件统一标准发展，加快融入联合全域指挥与控制（JADC^2），逐步列装联合作战指挥平台（JBC-P）和通用操作环境，并通过陆军网络能力集（CS系列）现代化建设推进指挥信息系统的数据化、服务化和智能化水平。

在体系架构上，开始向基于云计算能力的技术架构转变，通过建立集可靠安全访问、弹性、生存性、灵活性、动态、随需应变、自动化和自助服务于一体的云架构，进一步优化整合数据中心并开展云化迁移。针对战术单元网络连接弱、应用服务质量差的问题，采用战术级边缘云、雾计算、边缘计算、无中心云等方式，增强战术单元的数据处理能力和数据共享能力，协助战术指挥员进行快速的战场决策指挥。

在系统功能上，为提高信息系统的远程机动能力，使网络变得简单直观，使通信系统变得更小、更轻、更快，应用程序和网络设备更易于士兵学习和使用。通过指挥所计算环境、手持式计算环境和车载环境初步部署通用操作环境，提高增强型远征信号营的卫星通信（SATCOM）能力，提供分布式任务指挥的初始战术云（边缘环境）敏捷计算环境，改善指挥所的机动性和生存能力，改进战术网络传输，极大地增强了机动远程条件下信息系统的服务效率。

在技术运用上，采用先进波形、任务指挥应用程序、网络安全、数据管理、卫星通信和人工智能等标准强化系统的规范性，重点开发了包括一体化战术网、战术无线电设备、增强型远征信号营、战术网络传输、现代化信号/卫星通信等，增强网络的可用性、可靠性和韧性，确保在所有对抗激烈的作战环境中实现无缝通信连接。

在开发运维上，为了加快实时作战反馈的响应速度，减少传统的规则性要求，引进了商业上成熟的"开发、安全和运营"（DevSecOps）模式进行作战实验，使开发人员与士兵在作战部队中相互协作，评估技术解决方案的实用性，为信息系统功能设计、未来能力要求、资源配置和采购决策提供支持，并且有助于陆军及其行业合作伙伴根据作战人员的需求和商业创新发展网络。

2.5 未来发展动向

2021年7月，美国陆军未来司令部发布编号为71-20-9的手册《陆军未来司令部2028指挥控制概念：追求决策优势》（AFCC-C2）。该文件确定了美国陆军在未来的多域作战期间行使指挥控制所需的各项能力，并描述了2028年及以后的美国陆军如何利用这些能力，以更清晰和精确的方式了解自身、对手和作战环境，从而通过贯穿全域的指挥控制作战职能和系统产生决策优势。AFCC-C2提出的核心思想是，通过利用更清晰、更精确的感知理解自身、对手和作战环境的能力，未来陆军指挥人员能够借助敏捷的、贯穿全域的指挥控制系统来实现全局决策优势。AFCC-C2概念建立在美国陆军"多域作战"（MDO）和"旅以上队"（EAB）概念的基础上，研究了陆军指挥人员如何以联合部队一分子的视角制定和分发各种决策，从而在联合部队的统一行动中实现主动作战，并解决多域作战概念中提出的五个作战问题，即竞争、渗透、瓦解、利用和重回竞争。

为了在多域竞争、危机响应和武装冲突中实现决策优势，陆军必须通过全面分析来明确未来指挥信息系统建设需求并以系统之系统的形式开发相应的能力。2020年，陆军发布《美国陆军云计划2020》，提出将整合多种商业云和战术云，并通过混合云环境重构任务指挥应用系统，以便提供战场情报和数据融合服务。2021年，陆军发布了《统一网络计划》，旨在塑造、同步、整合和管理统一网络工作，并调整人员、组织结构和能力，在各个层级支持多域作战。同年，陆军在国防部数字化转型战略基础上，发布了《陆军数字化转型战略》，力图通过云、数据和人工智能驱动建立数字化、数据驱动的新型陆军。

一是指挥控制系统层面。美军认为未来陆军指控系统应该更加快速高效地接收、组织、分析、解释并显示与战斗相关的信息，以超过对手和敌人的速度生成全面的多域行动方案。在参谋人员、下级领导和先进技术（包括人工智能、机器学习和大数据分析等）的支持下，指挥人员综合运用分析推理和作战辅助判断，做出快速、高质量的决策，并通过快速、便捷、可信的分发方式迅速分发给下级部队和统一行动合作伙伴。如正在进行开发试验的车载任务指挥软件，旨在向下至排级的最终用户提供简单、直观的移动任务指挥和态势感知能力，通过提供的可扩展软件开发工具包，采用手机形式的图形用户界面为士兵提供简便直接使用体验，并将手持计算环境连接到指挥所计算环境，可将第三方作战功能融合到统一界面下来加载和运行各种作战功能，从而提供完全一体化的共用作战图，增加了指挥所计算环境和手持计算环境之间的互操作性。

二是信息基础环境层面。美军认为未来陆军的指挥环境应是从驻地到前沿，分布式部署的、跨职能组织的网状指挥节点集合，其布局能够根据作战需求灵活变化，并较好地提供指挥控制系统所需的计算和通信条件，具备战略部署性、战术机动性、扩展性、定制性和生存性等特征。为此，美军提出了指挥所星座（CPC）概念，其基本由通信网络、指挥车辆、高能效方舱、开设式工作空间及其他辅助设备和支持性基础设施组成，通过战术网络将所有的指挥节点连接到一个统一的韧性通信网，并得到可视化、标准化、可共享和安全的数据支持，通过这些数据将每个节点连接起来，从而聚合成一个协同运作的指挥所作业场所，及时集成、动态同步和最佳融合各域的各项系统功能，实现将所有指挥节点无缝连接形成一个具有凝聚力的指挥所星座。

三是信息通信系统层面。美军认为人工智能、自主系统、机器人、量子计算、蜂窝无线和低地球轨道（LEO）卫星等技术将持续改变战场信息网络的效能，更加高效地形成一个更快速、更致命和分布式的战场。近年来，随着综合战术网（ITN）能力集的逐步部署，美军在战术网络现代化方面已经取得相当大的成就，但在战略和作战层面的企业网络现代化工作上明显滞后，这种不平衡的方法造成了美军战术网和企业网的割裂。从遂行任务的角度出发，未来具备多域作战能力的美国陆军必须拥有一个统一网络，使其能够有效融入联合作战部队整体，在全域、全环境中跨所有地形和所有作战功能进行实时、无缝的通联和作战。为此，美军推出了《统一网络计划》，即采用通用操作环境、服务基础设施和传输网络，以及统一网络运行和防御管控能力，在开展多域作战所需的所有密级的网络上开展作战指挥控制活动。按照美国陆军的规划，分为三个发展阶段进行实施。第一阶段：建立统一网络（2021—2024年）。主要工作包括：建立基于零信任原则的标准化安全架构；采用软件定义和第五代移动通信技术（5G）以及后5G无线网络技术发展统一网络，将无线蜂窝网络作为战术和企业网络应用的关键技术；减少对非无线网络的依赖性，将各项能力迁移到云基础设施，建立通用数据标准，以实现人工智能（AI）和机器学习（ML）等新兴职能；在整个陆军范围内完成网络融合，提高网络就绪水平、标准化和互操作性；提高陆军网络安全性，实现快速防御性网络空间作战（DCO）响应。这一阶段最终将建立标准化的综合安全架构，为统一网络奠定基础，并支持在世界任何地方快速部署和立即开展行动。第二阶段：实现统一网络（2025—2027年）。主要工作包括：继续进行ITN和IEN能力的融合，完成DODIN Ops架构；完成混合云能力的建立，包括能促进人工智能/机器学习能力发展的战术编队，建立完成持久任务伙伴网络（MPN），实现从国防部到战术边缘的所有硬件、软件、基础设施和人员无缝连接。这一阶段结束时，统一网络将做好充分准备支持2028年的多域作战部队。第三阶段：持续进行统一网络现代化（2028年以后）。届时陆军统一网络将在运行、技术和组织上做好充分准备，支持2028年的多域作战部队指挥控制。

第3章 美国陆军战术级指挥信息系统介绍

纵观美国陆军指挥信息系统的发展历程，主要经历了海湾战争前各军兵种独立建设"烟囱式"分散建设阶段、20世纪90年代到21世纪初横向一体化集成建设阶段、21世纪以来体系建设阶段及功能整体融为一体的融合建设阶段。从体系结构上，战术级指挥信息系统可以分为指挥控制系统、信息基础环境和信息通信系统三部分。

3.1 体系架构

在体系建设阶段，指挥控制系统主要以陆军作战指挥系统11个功能系统为核心，以战术情报地面报告系统等任务系统为补充；信息基础环境主要以标准综合指挥所系统为指挥控制系统提供标准的局域通信网络、计算环境、存储环境和运维保障环境；信息通信系统主要以作战人员战术信息网及其增量2为核心，以单信道地面与机载通信系统、联合战术无线电系统、陆军数据分发系统等为补充。

在融合建设阶段，指挥控制系统主要对ABCS多个功能系统进行了升级替代，以更好融入联合全域指挥与控制；信息基础环境对SICPS进行升级发展，形成以陆军通用操作环境为基础的通用计算环境；信息通信系统逐步过渡到以综合战术网络为核心，以CNR、JTRS、ADDS等为补充的架构。美国ABCS体系架构如图3-1所示。

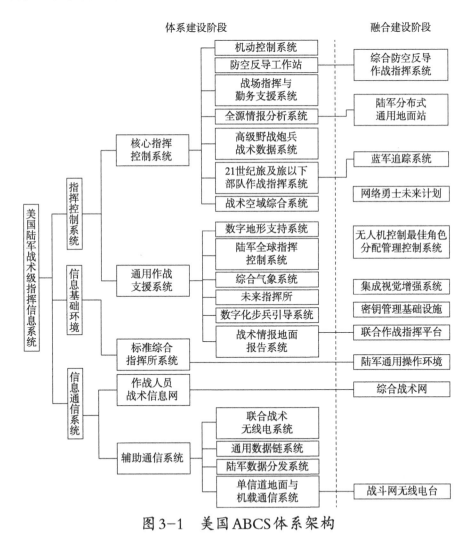

图3-1　美国ABCS体系架构

3.2 战术级指挥控制系统

当前,美国陆军战术级指挥控制系统主要以ABCS的11个功能系统为核心,以TIGR等任务系统为补充,包括指挥、控制、机动、火力、情报、保障、防护等各领域信息应用系统。这些系统互有接口,互通合作,上联联合作战指挥系统,下通班排任务分队,自上而下共同构成陆军作战指挥体系。

3.2.1 核心指挥控制系统

ABCS,由美军1994年起对陆军全球指挥控制系统、陆军战术指挥控制系统(ATCCS)和21世纪旅及旅以下部队作战指挥系统($FBCB^2$)三个不同时期开发的C^3I系统整合而成,能使作战指挥员及参谋人员掌握正确的实时信息,迅速准确地下达作战命令,有效指挥部队和武器系统执行作战任务。

当前,美军装备的ABCS划分为核心指挥控制系统和通用作战支援系统两大类子系统,覆盖战略、战役和战术三个层级。第1层级为陆军GCCS-A,作为陆军战略与战役指挥控制系统,主要编配军及军以上指挥机构,实现与美军GCCS-A直到国家指挥总部的互联互通;第2层级为升级后的陆军ATCCS,提供从军到营的指挥控制能力,主要包括机动控制系统(主要编配军、旅、营级)、防空与反导计划控制系统（由前方地域防空C^3I系统改进而来）、全源情报分析系统、战场指挥与勤务支援系统（由战斗勤务支援控制系统改进而来）、高级野战炮兵战术数据系统五个核心指挥控制系统，以及数字地形支持系统（DTSS）、综合气象系统（IMETS）、战术空域综合系统（TAIS）、战术互联网管理系统（ISYSCON）四个通用作战支援系统；第3层级为$FBCB^2$，它属于核心指挥控制系统，为旅及旅以下部队直至单平台和单兵提供运动中实时、近实时态势感知与指挥控制信息。美国ABCS系统部署如图3-2所示。

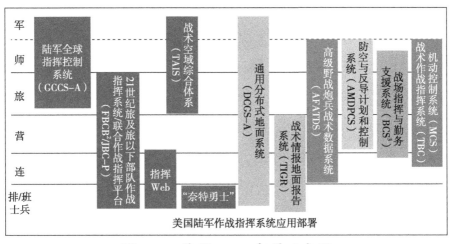

图3-2 美国ABCS部署示意图

1. 机动控制系统

机动控制系统是美国陆军从军级到营级指挥人员及参谋人员的战术规划工具。MCS可为规划、协调、控制、运用机动功能区域内资源和任务提供自动化支持。MCS使用套装软件产品，提供通用作战态势图（COP），帮助指挥人员及参谋人员实现军事决策。指挥人员利用MCS可协同创建和查看友军部队位置、敌军部队位置、目标位置、计划、命令和作战图像等关键信息，快速分析不同行动方案，依据最新态势评估机动模式及作战中遭遇变化并作出决策。目前，MCS 6.4版已达服役年限，正逐步从陆军任务式指挥信息系统中去除，其职能由未来指挥所（CPOF）替代。

MCS由战术计算机终端、计算机处理机和分析控制台组成，主要用于辅助军、师、旅级指挥人员和参谋人员收集、处理、分析、交换战场信息和传送命令，能够为ABCS自动生成和发送战场通用战术图，可为指挥人员和参谋人员设想作战空间，同步各作战要素，遂行作战任务，使指挥人员在敌方作出决策前就能采取行动。为达到这个目的，MCS在装甲部队、步兵和联合兵种编队中执行自动指挥和控制功能，允许操作员定义路线和查看覆盖图，为规划、协调、监视和控制战术作战提供自动化、实时和近实时的态势感知能力。MCS还集成其他战场功能区域系统的作战信息，为ABCS提供准确、及时的状况信息和态势认知。系统提供与其他指挥控制系统如火力支援、情报电子战、防空及战斗勤务支援等的接口。图3-3所示为MCS可视化战斗空间。

2.防空反导工作站

防空反导工作站使用共同作业环境和互通通信设备，为士兵提供防空图像，并通过为部署部队提供自动防御规划能力支持陆军防空导弹系统及防空火炮系统，能将目标情报信息、战场图像、防空能力结合起来，达到早期预警和及早接战的目的。

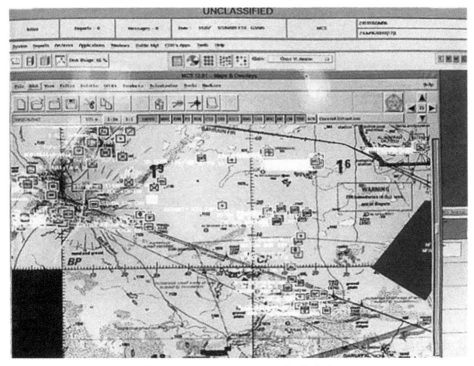

图 3-3 MCS 可视化战斗空间

AMDWS 能将目标信息提供给防空导弹或野战防空部队进行目标摧毁，其中负责将中、高空的目标信息提供给防空导弹部队，确保己方战区领空安全；将低空目标的情报信息提供给野战防空导弹营，并提供地面部队早期预警能力。

AMDWS 能侦测、锁定及辨识目标，并将获得的情报信息传输给下级或相邻部队，以发挥野战防空整体效能。部署在旅级部队的 AMDWS 能将整个战场图像传输给战区内各级防空部队，使各级指挥人员能监控防空导弹与目标接战情形，如图 3-4 所示。

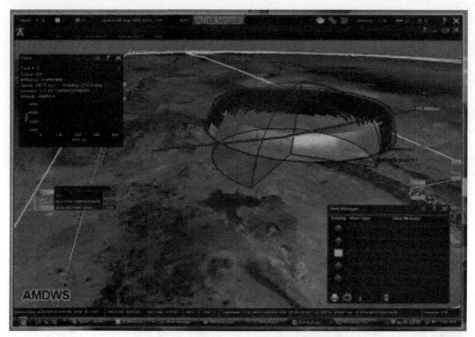

图 3-4　AMDWS 系统操作界面

3. 战场指挥与勤务支援系统

战场指挥与勤务支援系统是美国 ABCS 中专门负责后勤整合的系统，它能迅速采集、储存、分析和分发所有后勤资料，使各级指挥人员和参谋人员及时掌握作战过程中部队后勤补给情况，以支援现阶段和未来作战行动。该系统配备于包括数字化部队在内的美国陆军军级至营级所有单位，系统可根据任务编成，跟踪掌握美国陆军军级以下单位的后勤资源状况，形成后勤状况报告。BCS^3 可对部队当前、未来战斗力和行动方案进行分析，能够提供后勤通用作战图像和在运可视（ITV）信息，快速处理大量后勤、人事、医疗事件，为作战指挥控制以及战斗管理过程提供支持。BCS^3 通过现状展示及对未来燃料、弹药、关键武器系统和人员等的预测使后勤保障战斗力生成。BCS^3将多个数据源集成到一个程序中,为指挥人员提供战场后勤的可视化布局,能帮助指挥人员和参谋规划并执行作战后勤支援,对收集的资料进行分析整理,进行人员、油料、弹药、装备的整理补充,使作战部队维持最佳状态,以利于作战任务的完成。图3-5所示为BCS^3操作界面。

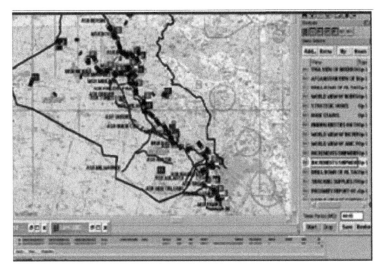

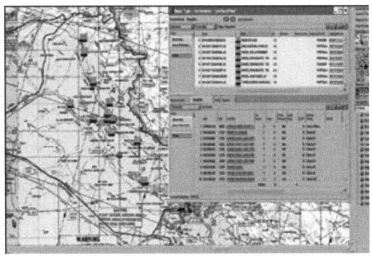

图3-5 BCS^3操作界面

4. 全源情报分析系统

全源情报分析系统是ABCS情报电子战系统（IEW）的下属子系统，用于将情报和传感器信息融合成统一的敌情图，并生成通用作战图中"红方"态势信息。

ASAS是一个情报信息融合网络，它融合全信息源的情报，给作战指挥人员提供资源管理能力和可视战场，以及更有效地进行地面作战所需的全源情报。系统可自动准备战场情报、生成相关地面图像、产生地面作战态势显示、分发情报信息、确定任务目标、管理情报与电子战资源，帮助提供作战安全支持，并辅助支持反情报和电子战任务、向陆军DCGS-A提供临时情报融合能力、支持预测性情报分析、可与ABCS实现互操作。

ASAS是一种移动式、自动化的战术情报处理与分发系统，通常装载在作战指挥车等平台上，如图3-6所示。ASAS提供的情报使指挥人员能够确定主要行动关键点，并精确瞄准高优先级目标，旨在提高战场指挥工作效率，因此系统中建立了"快速开火通信通道"，可迅速地将目标情报信息传至火力部队，战场态势图能在近程航空兵分队、导弹部队、火炮部队、防空部队、作战后勤保障部队及机动作战指挥分队终端上显示出来。

ASAS主要用来取代在情报收集过程中烦琐的协调工作，以确保情报分析人员有更多时间汇集与分析情报。该系统还能协助情报分析人员和作战指挥人员进行情报搜集的组织协调工作，它可自动判断各类探测系统响应速度，并进行适当选取。指挥人员通过ASAS可了解到还有哪些战情尚未弄清,可指挥控制探测系统有针对性地搜集所需的情报信息。ASAS还可实现基于知识的意图识别。在军事冲突之前,作战指挥人员可向系统数据库输入有关敌方在特定作战条件下的作战原则等知识。一旦发生军事冲突,计算机便可根据预先输入的知识对所搜集情报进行处理分析。作战指挥人员可借助情报积累弄清敌军的进攻或增援意图。ASAS普遍应用及其实质性的ASAS能力,使美国陆军已经将ASAS全部整合到DCGS-A项目。

图3-6 ASAS

5.高级野战炮兵战术数据系统

高级野战炮兵战术数据系统于1981年首次部署,目前美军已有超过数万名用户装备了该系统或终端,包括美国陆军、海军陆战队所有现役部队及11艘海军LHA/LHD级两栖舰船,能够与AH-64攻击直升机和M1A1主战坦克等具有数字通信能力的武器系统直接联网,提供战术态势感知和火力请求处理信息,每小时处理数量达200多个。AFATDS部署如图3-7所示。

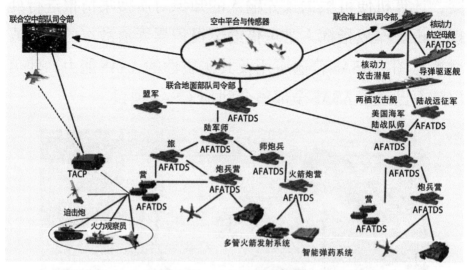

图3-7　AFATDS部署

AFATDS正式装备以来,一直通过螺旋式开发进行软件升级。其主要功能如下:①指挥人员指南。可实施用户定义的指挥人员指南,管理目标选择标准、高价值目标和目标攻击参数等。通过使用任务安排指南、任务优先选择和弹药限制条件,AFATDS将传感器与武器平台连为一体。②地图显示能力。使用World Wind地图引擎和数字地形高度数据(DTED),为地面火力支援部队提供所有我军/敌军部队坐标图、火力支援协同图(FSCM)、空中协同措施(ACMS)、射程扇形和弹药飞行路径(MFP)等三维（3D）视图显示。标绘功能提供近实时的组合目标覆盖图（MCOO），使指挥人员能以合适的高度和仰角察看当前作战环境。③火力支援计划及攻击分析。使指挥人员能将数个联合自动化纵深作战协同系统（JADOCS）目标管理员紧密联系起来，能与分配的武器平台共同分析火力支援方案，可按照类型和作战单位显示兵力强度、任务所需弹药和系统，还能在目录面板上显示与兵力交战的目标类型和目标编号。④空袭列表（ASL）和空域控制指令（ACO）管理。能够管理任何梯队建立的空袭列表并能将数据输入/输出为联合战术防空请求（JTAR）表格；管理员能够用红色、黄色和绿色三种颜色显示需求、已批准的联合综合目标优先顺序清单（UIPTL）、飞行路线及接收的战斗毁伤估计结果；能够接收空中管制指令并以3D视图显示。⑤与任务指挥系统及情报系统/数据库的接口。Link-16面世提高了AFATDS连接能力，使AFATDS能够与所有使用联合范围扩展应用协议（JREAP）报文服务的设备、平台和传感器连接，现已能与战区作战管理核心系统（TBMCS）、防空系统综合器（ADSI）、AMDWS及空域信息服务系统（ASIS）连接。⑥兼容精确打击套件。能够使目标栅格位置与精确打击套件软件相结合，使用户接收经过校准的目标经纬度和目标高度，并结合联合弹药效能手册（JMEM）和附带损伤评估工具（DCIDE）等在单一系统上进行精确目标打击规划。

在伊拉克战争中，美军借助升级版AFATDS软件实现陆军与海军陆战队数字化火力协同，并在新的、能力增强型弹药上实现精确火力打击、自动执行误伤检查和附带损伤检查。未来，AFATDS将继续致力于对各梯次野战炮兵和机动部队的火力支援指挥、控制和需求协调，研发重心将放在提高联合互操作性及对新型武器与弹药的控制上，使指挥人员能确定武器目标配对和未爆炸武器的效能，降低决策和计划时间。根据以面向服务体系结构（SOA）为目标的移植战略，AFATDS功能将最终转变为网络中心战环境下一组独立且可共享的服务，从而提供网络化火力指挥与控制能力。

6. 21世纪旅及旅以下部队作战指挥系统

21世纪旅及旅以下部队作战指挥系统为美国陆军基层战术分队提供指挥控制和态势感知能力。该系统具有的导航定位能力可以标绘并传送作战分队自身位置。FBCB^{2}还能在运动中以近实时方式接收友邻分队位置信息、情报信息，显示己方和敌方态势图像。该系统主要用于战场环境中美国陆军旅以下各指挥所直至单兵。美国陆军旅及旅以下部队的作战指挥系统主要经历了21世纪旅及旅以下部队作战指挥系统/蓝军跟踪系统（FBCB^2/BFT）、过渡时期的联合能力版（JCR）、联合作战指挥平台（JBC-P）三个发展阶段。图3-8为过渡时期联合能力版的车载布局情况。

FBCB^{2}在伊拉克战争中首次投入实战，主要为旅及旅以下部队乃至单个平台、单兵提供运动中实时和近实时的指挥控制信息、态势感知信息；为指挥人员、分队和单兵显示敌方我方位置，在收发作战命令和作战数据、进行目标识别等方面起了非常积极的作用，提高了作战指挥效能。

图3-8　FBFB^2/JCR布局

FBCB^{2}由嵌入式硬件、软件及数据库组成。原核心硬件是一台带有密封键盘的计算机，配备6~10兆字节硬盘空间、512兆赫数据处理器、10英寸显示器，Mezzanine视频图形卡，底盘上还嵌入了无线数据传输系统、互联网接入设备及全国定位系统（GPS）。伊拉克战争后对电脑硬件进行了升级，增加USB即插即用等周边接口，如图3-9所示。FBCB^{2}操作系统采用精简Linux Works的Lynx即时操作系统，搭配3.3版或3.4版本FBCB^{2}软件，主要软件用Java语言编写，独立于平台，包括在结构上与国防信息基础结构公共操作环境一致的软件、导航/定位及报告系统、与地面通信系统或与卫星通信系统的接口及作战识别系统等。

图3-9　FBCB^{2}系统硬件构成

FBCB^{2}系统的主要功能特点：一是可提供近实时的战场态势感知。通过FBCB^{2}数字化信息感知系统，敌、我、友位置信息以图像形式显示在电脑屏幕上，如图3-10所示。在指挥人员显示器上，"前线资产"（如冲锋的坦克、步战车和直升机等）显示为蓝色图标，"敌方资产"显示为红色图标。各单位的位置经GPS定位后，定期向网络上发送以更新信息，进而近实时地向所有用户提供当前的战场态势，并以图表形式传输敌我目标、后勤支援等资料。因此，指挥人员想知道其下级的情况信息，可以单击代表蓝军的光标进行通信，在2分钟内即可做出反应。部队则可利用来自卫星或无人机的地理图像，实时观察周围地形

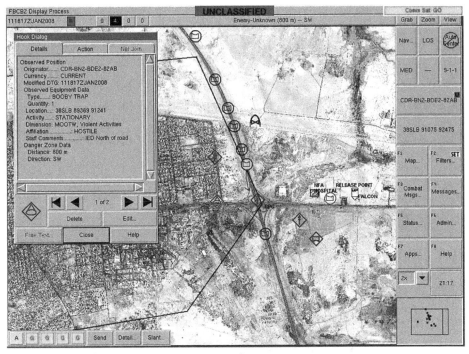

图3-10 FBCB^{2}系统显示界面

和车辆三维图形，确定瞄准线、武器射程等。二是可提供保密可靠的电子邮件（E-mail）通信。FBCB^{2}与陆军高层战术通信系统相连，大幅降低语音通信而主要提供E-mail通信。在实战中，作战人员将大量数字化报告信息以E-mail形式向战地指挥人员发送，并可直接从前线传到最高司令部。战场指挥人员随时根据这些信息对部队进行重新部署，安排增援或跟进。E-mail通信不仅避免了无线通信的干扰，而且对传输内容进行数字加密，从而有效控制知密范围，在激战中这种通信方式比语音传输更加可靠。三是可提供强大的网络控制能力。在数字化战场上，士兵和指挥人员都主要依靠以FBCB^{2}为指控核心的计算机网络。在作战部署之前，FBCB^{2}进行网络设置、频率分配和指定地址/电路分配；在交战时，则对网络资源实时监控及对动态网络重新配置。尤为重要的是，以前的MCS网络只触及营级指挥所，而FBCB^{2}将网络延伸到连、排级部队以至每个作战平台，可以直接支援基层部队战斗，大大增强了网络控制能力。四是可提供简约易行的训练方式。为使官兵掌握并保持熟练运用FBCB^{2}软件技能，美军为其量身打造了一款商业化坦克战三维计算机游戏——先锋部队，把软件和游戏结合起来，可以使二维FBCB^{2}软件以三维形式清晰显示出来。培训人员可以通过改变游戏地形、时间或天气条件对受训官兵进行针对性训练；单兵、分队还可以在远处进行交互式训练。其以低廉的成本提供了一种在任何时间、任何地点进行训练的新途径。

FBCB^{2}系统的主要弱点，一是EPLRS基站易被捕捉定位。在数据传输过程中，数字化师组成5个基站，每个旅有1个基站通信网。EPLRS基站是紧靠旅战术作战中心的一组车辆、天线和电机设备，并与移动用户节点设备合并布置。这种基站式布置，通信节点中心很容易被目视观察到。一般情况下，只要暴露了移动用户设备通信阵地，增强型定位报告系统基站肯定会被发现，随后就会遭到精确远程火炮或航空兵火力的毁灭性打击，导致信息流动中断，从而丧失数字化部队的不对称技术优势。二是通信传输易遭受阻塞压制。美军数字化师目前装备的电台中最典型的是SINCGARS，这些电台采用跳频方式工作时，其最大通信距离将减少一半。所以，为了保持较远距离通信，通常要将电台置于单信道的非跳频方式，而此时的SINCGARS的信号就极易被捕捉定位，并被电抗部队的干扰机阻塞。一旦遭到阻塞或谐波干扰，SINCGARS的同步码就会遭到破坏，从而大大降低了系统态势感知信息同步传输能力。三是GPS定位系统极易被干扰。$FBCB^2$系统在同SINCGARS联网运行时要依靠GPS信号保持同步，目前只需花费少量代价就可买到一台轻便且有效的俄制GPS干扰机，可根据地形特点实施干扰，4~8瓦的干扰功率作用距离就可达150~200千米，如果装在无人机上，对付GPS系统更是轻而易举。没有精确的GPS定位，SINCGARS存在价值将大打折扣，$FBCB^2$系统从旅级部队到排级分队态势感知能力就会丧失。

7. 战术空域综合系统

战术空域综合系统是战场空域管理的自动化系统，基于联合勤务信息系统输入，提供联合空-地战场空间管理，如图3-11所示。TAIS安装在悍马车体内硬质车厢壁上，实现全独立运作。每个掩体接收经过验证的空域图，通过几条通信线路，链接军用雷达、"爱国者"警戒雷达、机载预警与控制系统（AWACS）以及民用机场雷达。TAIS提供可视化的4D态势感知、空域冲突排解及己方飞机相撞规避能力。

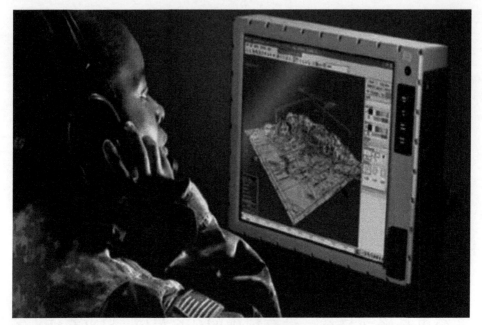

图 3-11　TAIS

　　TAIS通过不同雷达和数据通信链路输入，提供并显示两维和三维近实时的战场空间态势感知图像。依靠这些态势感知图像，负责当前和计划空域使用冲突排解的TAIS操作员，能够将这些信息提供给处在战术行动中心的师或军指挥人员，也可以为航空兵、炮兵和防空兵指挥所及美国联邦航空管理局（FAA）等地方部门提供信息。这种先进的可视化系统为战地指挥人员提供了包括空中、地面战场空间的完整图像，使与信息结合的综合判断能力成为可能，该系统也成为战斗力的倍增器。

3.2.2　通用作战支援系统

　　ABCS最初由7个基本子系统组成，后续又发展出与ABCS套件集成的其他辅助或连接系统，包括DTSS、

IMETS、CPOF、ISYSCON等战术级指挥系统，以及数字化步兵引导系统（DLS）、TIGR等作战任务系统。

1. 数字地形支持系统

数字地形支持系统提供数字地形分析、地形数据库、更新的地形产品和硬拷贝复制，以支持地形可视化、IPB、C^2和DMP作战参谋（兵团、师、旅）。DTSS能以立体图形方式显示地形背景，可一目了然地了解地形对敌方机动性能的影响；还能向作战指挥人员提供敌方指挥所、补给供应点及部队集结地的地形位置。这两种功能使作战指挥人员迅速将注意力集中到敌军可能会采取军事行动的路线上，并集中注意力去搜集敌方的关键设施。

2. 陆军全球指挥控制系统

美国陆军全球指挥控制系统是全球指挥控制系统的陆军部分，GCCS-A是陆军的战略和战区指挥控制系统，连接GCCS与陆军战术级指挥控制系统，为陆军部队整个部署行动提供支援。GCCS-A应用程序能够在COE中运行，并可通过接口与陆军和其他军种的指挥控制系统兼容和互联互通互用。

GCCS-A支持现役部队以及国民警卫队行动单元，提供关于战备、规划、动员和部署能力信息；GCCS-A能够接收来自ASAS的敌我态势消息，为最高陆军指挥人员提供综合敌我态势图，即COP；接收MCS发送的我方态势图；协调陆军电子战支援的即时请求；接收各种来源的空中和导弹态势感知、我方联合部队信息、情报信息以及天气数据；提供及时的态势感知和部队规划信息，使G1/G4[①]参谋能够支持当前和未来的作战行动；还能够快速收集、存储、分析和分发关键人事、后勤、医疗和财政信息，并用于计划和决策制定活动。

GCCS-A由通用商用硬件和软件以及单独支持陆军战略（师及师以上）和战役级司令部的基于COE的客户端-服务器体系结构组成。GCCS-A的硬件由相互连接的广域网、局域网服务器以及支持终端用户的域服务器组成，终端用户使用个人计算机或便携式计算机作为工作站。服务器是可配置的，提供能够路由和快速复制数据的一体化冗余信息网。GCCS-A通过定制和集成现有的通信系统来支持战略、战役和战术职能需求，可与保密IP路由网相连。GCCS-A的核心系统包括部队战备、部队计划、兵力投送以及态势感知。

GCCS-A可提供权威的陆军共用作战图，并把GCCS-J共用作战图与陆军战术任务指挥系统相连；提高陆军分析行动方案、制订计划、管理陆军部队和执行作战计划的能力；使唯一标识符、唯一参考编号和部队单位标识码相关联，从而跨部队维护一致性数据。根据GCCS-A关键性能参数，GCCS-A必须与GCCS-J、其他军种GCCS和ABCS互操作和交换共用战术图数据，100%满足关键信息交换需求（IER）/共用联合任务清单（UJTL）任务；在战区网

[①] 美国参谋机构代号，用字母+数字表示，一般1为人事，2为情报，3为作战、训练，4为后勤，5为计划，6为C^4I等信息化系统。陆军参谋部用G表示。

络服务器之间进行自动数据库复制，准确率达100%；在单个服务器发生故障情况下，100%确保系统继续运行。

GCCS-A整个系统在2003年部署完毕。在伊拉克战争中，通过使用GCCS-A，联合部队指挥人员和战术部队指挥人员能够获得相同的战区共用作战图。GCCS-A基于与GCCS-J、国防信息基础设施COE、ABCS的技术互操作性要求，以及作战需求进行升级，当前处于Block 4阶段。GCCS-A Block 4支持陆军和联合指挥人员对融合、实时、真实的作战空间图像需求，并能够指挥、控制和协调在作战空间内完成任务所需信息。GCCS-A与多个国防部系统相连，在作战区域的战略级指挥人员和参谋之间共享作战信息和数据。GCCS-A Block 4于2013年9月达到完全部署状态，已部署到从师级到陆军军种合成部队司令部的所有具有联合特遣部队能力的部队单位。GCCS-A 4.1和GCCS-A 4.2版本的开发与GCCS-J保持同步，开始实现基于万维网（Web）的网络中心服务。GCCS-A 4.2版以基于能力的形式进行部署，仅部署部队单位所需部分队。基于能力的部署使系统的操作更加高效，减少了站点安装时间，使服务器部署时间从原来40小时缩减到10小时内。GCCS-A 4.2版还通过自动安全补丁更新来简化安装流程，减少人为误差。基于Web的GCCS-A 4.3版将能够把联合作战信息整合到一幅电子地图上。2013—2015年该项目按照"COE实施计划"开发增强版GCCS-A软件以支持CPCE；继续进行开发工作以支持GCCS-A现代化网桥需求。

美国陆军在2017年前完成GCCS-A V2版网桥的开发，按照陆军CPCE和联合指挥控制目标，GCCS-A的体系结构进行重新设计，从基于服务器—胖客户端的体系结构转变为在作战指挥公共服务（BCCS）/战术服务器基础设施（TSI）和任务指挥工作站上运行的服务器—Web客户端体系结构。BCCS可提供除电子邮件、门户、Web站点等商用服务之外的与本地战术作战中心局域网网络中心企业服务（TOC LAN NCES）相兼容的服务，如发现、安全等，降低由联合网络节点（JNN）故障所带来的运行风险。BCCS提供的服务将遍布整个本地战术网，以确保服务对模块化战术部队的可用性，并与基于全球信息栅格的企业服务实现互操作以便为用户提供无缝接口。TSI把作战和情报功能整合到一系列涉密等级为秘密级以下的公共服务器上，是实现作战与情报（Op/Intel）融合的关键因素。现在，来自信息和情报领域的士兵只需在一种类型的服务器上进行训练。未来，所有GCCS-A能力都将基于Web应用程序形式，即窗口小部件，进一步降低系统的复杂性并且不再需要昂贵的软件许可。GCCS-A向基于Web的应用迁移将简化联合部队未来的通信。

3.综合气象系统

综合气象系统为各级指挥人员提供一个自动气象系统，用于接收、处理和传播ABCS的天气观测、预报，以及天气和环境影响辅助决策。IMETS是一种安装在高机动性多用途轮式车辆上的战术自动气象系统，如图3-12所示。IMETS

工作站是陆军ATCCS的通用硬件，与ASAS、DTSS和战术区域通信内其他战场功能区域的ABCS实现互操作。

图3-12　IMETS装载在悍马车上

由IMETS产生的自动化战术决策辅助为作战人员提供重要气象和环境保障。IMETS从极地轨道民用和军事气象卫星、空军全球气象中心、炮兵气象和遥控传感器及民用预报中心获得气象信息；IMETS处理并核对各种预报、观测信息和气候数据，形成满足特定作战人员要求的及时、准确的气象结果。图表简报结果会显示出气象对友方和敌方作战能力当前、预计和假定条件的影响。

4. 未来指挥所

未来指挥所是一种指挥人员决策支持系统，主要为用户提供态势感知信息和协同操作功能。CPOF通过先进的可视化、人机交互和基于知识的信息集成等技术为指挥人员提供一个自适应的以决策为中心的可视化环境，更有效地为指挥人员提供所需信息，辅助他们发现关键薄弱环节、兵力投放趋势和作出决策。

CPOF是一种在战术环境中实现多个指挥层级之间协作的规划和图形操作工具。1997年，美国国防高级研究计划局组建了由认知心理学、人机接口及计算机等专业领域的退休资深军官和专家组成的工作团队，开始研发CPOF，该团队提出了一种新的理念，即要通过CPOF实现从传统上以系统为中心向指挥员为中心的转变。CPOF是一种直觉的、容易学习的系统，支持适合用户使用需求的2D、3D视觉显示，如图3-13、图3-14所示，其功能是分布式、协同式指挥与控制，而不是简单地实现信息共享。CPOF支持深度协同，即在思考过程中的协同，支持指挥员、下级官员以及关键参谋人员能够看懂指挥员的思维过程。

图3-13　CPOF工作站

CPOF是以客户端/服务器为基础的软件系统，提供分布式协作运行环境，通过构建横跨多个梯队的虚拟战术作战中心，使处于不同地方的指挥人员进行远程协作而无须集中到一个地方实施指挥控制，帮助地理区域内分散的指挥人员及参谋人员协同制定作战计划、监视计划预演及实施，通过战术网络执行作战行动并进行评估。系统能支持350多个用户同时进行操作。CPOF不仅实现了信息共享，还实现了分布式和协作式的指挥与控制。每个用户可以将自己的工作界面共享给所有用户，内容包括总体进度表、情况报告表和兵力部署表，使各级指挥人员和作战参谋能够真正了解上级指挥人员意图。

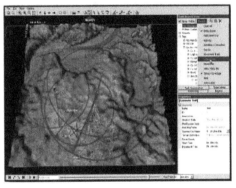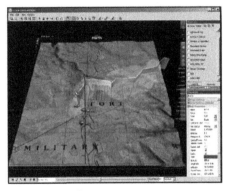

图3-14　交互式3D可视化界面

CPOF集成了政府出资开发的专用软件和商用通用软件，向用户提供一种工作空间工具，可以处理面向用户特定应用的图、表格、客户化装置等构件。此外，CPOF可以支持并行、同步、异步以及跨职能领域的行动规划和控制，提供与陆军战斗指挥系统以及其他国防部系统之间的双向互操作功能。CPOF还依托分布式体系结构，以语音及视觉技术支持情报和其他信息的共享和协作。具有同时实时开展横向和纵向协作与数据和信息共享的能力，其中横向协作和共享是指同一层级作业人员之间协作和共享，纵向协作和共享是指不同层级之间作业人员协作和共享。美国陆军认为，在横向、纵向间以及与营级部队情报专家之间的协作，对取得信息优势是至关重要的。这一信息优势对CPOF系统向作战指挥人员提供高质量的本地和多个指挥层级态势感知，进而保证同步开展作战规划，监督控制计划执行过程，具有重要意义。

目前，CPOF已经成为美国陆军在战场上用于浏览展示COP的主要工具，如图3-15所示。CPOF应用程序通过GCCS-J、DDS/PASS和其他方式与ABCS通信，它可以跟多种现役系统实现互操作，例如可以接收$FBCB^2$/BFT提供的情报输入，对态势图进行标注和显示，CPOF可以处理并显示从其他系统中获取的情报信息，包括从JBC-P获取的敌我兵力态势信息以及从AFATDS获取的综合火力支援能力信息等。CPOF于2006年4月正式移交给陆军战术任务指挥项目管理，美国陆军实施了CPOF阶段部署计划，目前CPOF在全球已经部署超过20000余套，并于2019财年实现了向基于网络的协作环境迁移，部队层级全覆盖、所有的指挥与控制系统全覆盖的建设目标。

美国陆军战术任务指挥项目经理迈克尔·瑟斯顿上校表示，CPOF改变了指挥所的面貌，实现了"从醋酸纤维地图到数字屏幕"的飞跃，已经成为陆军士兵依赖的先进信息技术，成为陆军CPCE和嵌入计算环境的重要组成部分，这种计算环境促成了部署在工作站或者移动终端App都处于同一地理空间内，显示界面风格基本相同。

图3-15　陆军指挥人员使用CPOF

5.数字化步兵引导系统

数字化步兵引导系统和ABCS一起工作，向旅及旅以下梯队提供指挥与控制能力，包括部队跟踪信息、计划、协同、同步和任务执行等。

在2002年美军"千年挑战"演习期间，DLS与轻型机动控制系统（MCS-L）结合，为低级别梯队提供更加完整的战术图像。在试验中，美国陆军第82空降师测试了大约45套系统，基于一台加固便携式商用计算机，带有综合全球定位系统和步兵勇士支持系统软件包的通信接口，提供一整套指挥能力，使指挥员在战场任何地方能够进行指挥和通信，使旅、营和班一级指挥员通信更加快捷。利用该系统，空降兵可以更迅速地在飞机上传递数字情报，且落地后可使用一台配备了DLS系统的便携计算机以数字方式向营情报官传输在空中收集的图像情报，不再利用低速无线电来传输信息，只要轻触按钮就可以在30秒内传输5~10分钟的语音信息，这是一种更快捷传递敌军位置信息的方法。

DLS系统与陆军现有作战部队相配合，提升了已有通信架构和现有通信装备效能。除了MCS-L系统外，DLS通过给ABCS系统提供的双向接口，还能与轻型数字化军事行动中心结合起来，这是对ABCS系统的有力补充。

6.战术情报地面报告系统

战术情报地面报告系统是美国国防高级研究计划局为士兵研发的一种网络态势共享工具，用于共享和发布士兵所处区域的作战信息，该系统可以收集和传输关于人物、场所和活动的细粒度信息，并通过数字照片、视频和高分辨率地理空间图像为战场提供多媒体视野，如图3-16所示。

图3-16 TIGR系统任务汇报界面

DARPA最早于2005年开始发展TIGR，2007年初将其引入伊拉克的一个旅，后续使用范围遍及伊拉克、阿富汗、科威特、菲律宾、韩国和非洲等所有陆军单位。借助TIGR，军队可以在危险区域更好地规划路线或采取更富有侵略性的行动，已被证明是反恐行动不可或缺的工具。

2011年TIGR系统过渡到陆军，部署在坚固耐用的笔记本电脑上运行，用于作战部队，如图3-17所示；后来被加载到陆军和海军陆战队使用的主要指挥控制系统——$FBCB^2$中。TIGR系统现在由JBC-P进行管理，项目已扩展到车载系统和其他在线作战场景，已经在多个战场上成功应用。除了能够运行在笔记本电脑上，也可通过一个通用串行总线（USB）闪存直接安装到车载$FBCB^2$系统上，还可以在指挥所或其他战场服务器上运行，甚至可以被托管到作战人员战术信息网指挥通信车辆服务器上，利用WIN-T高带宽优势为系统提供更快的速度共享视频和图像。

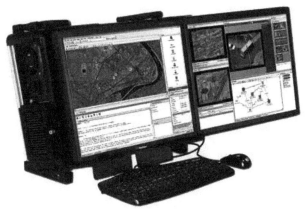

图3-17　TIGR系统部署平台

TIGR系统是以信息为中心的解决方案，操作简单、数据开放、功能强大、支撑多平台应用，使用户能够收集、共享、分析和使用支持谷歌地球（Google Earth）接口的数据，以应对具有分布式特征的战术网络挑战。TIGR系统的"巡逻视图"提供了符合地面作战视角的高清晰空中摄像，为防御潜在敌人攻击提供了更多的地面和空中图像，如图3-18所示。

图3-18 TIGR系统"巡逻视图"

系统使得单兵能够互联，支撑连及连以下作战需要，增加全频谱作战效能，使美军在担负城市作战任务时得到强大系统的支撑，有效提高指挥效率和作战能力，如图3-19所示。

图 3-19　TIGR 系统"情报界面"

3.2.3　升级发展系统

发展 ABCS 是为了掌握战场信息优势，使侦察设备、武器平台和指挥人员结合在一体，运用即时通信工具，充分发挥战斗力以击溃敌军。在伊拉克、阿富汗战争期间，美军对 ABCS 集成建设成果进行了推广应用，各类部队普遍装备了嵌入式 $FBCB^2$ 系统，结合重点开展的"斯特赖克"旅战斗队建设，支撑美军从班到旅的作战任务，是美国陆军高效多域作战的基础系统。ABCS 系统为信息化作战力量建设积累了有益经验。随着现代信息技术的发展不断完善，经过实战检验 ABCS 也不断更新升级，各子系统的功能均得到了增强，且各子系统之间也进一步融合，极大地提升了作战效率。ABCS 中主要子系统的替代升级情况如下。

1. 蓝军追踪系统

态势感知可为军事指挥人员提供作战图像，因此在战场上至关重要。诺斯罗普·格鲁曼（Northrop Grumman）公司于20世纪90年代开发了第一代蓝军跟踪（BFT 1.0）系统，实现了美军获取战场态势感知的梦想。BFT 1.0系统是一种采用GPS定位、为美军在全球部署部队提供态势感知能力的重要系统。BFT 1.0系统能够为旅及旅以下部队、主战武器平台提供近实时的指挥控制和战场态势感知信息，如友军和敌军位置信息、周边环境概览等，并实现不同部队单位和指挥中心之间的消息传递。BFT 1.0系统包括计算机、卫星终端、卫星天线、GPS接收器、指挥与控制软件及绘图软件。该系统在地图上显示本车位置及蓝军和红军位置，报告诸如雷区或其他障碍物等战场位置和情况，并配备具有接近报警功能的路径规划工具。新版BFT还可以收发文字和图像，它是美国ABCS及海军陆战队战场信息系统的重要组成部分。

在2003年的伊拉克战争中，美军首次在陆军地面部队、海军陆战队和盟军部队的坦克、战车和直升机上装备了1200多套$FBCB^2$/BFT（BFT 1.0），传递和显示每个用户位置信息，为旅及旅以下各战术层提供近实时的指挥控制能力。该系统在伊拉克战争中发挥了重要作用，极大地提高了指挥效率，减少了误伤。但也暴露了一些问题：地面部队需要几分钟才能刷新友军位置，通信延迟长达5分钟；同时该系统依托大量装备的单信道与机载无线电通信系统，在与FBCB²系统联网运行时要依靠GPS才能保持同步，建筑物内部如果没有GPS，部队立刻就会失去从旅级部队到排级分队的态势感知能力，而且系统易遭到干扰，稳定性较差等。

伊拉克战争后，美国陆军根据实战运用情况进行了更新，将FBCB²升级为FBCB²-JCR版本（联合能力版），将BFT 1.0系统升级为BFT 2.0系统，并于2011年交付美国陆军第1装甲师第2旅战斗队。BFT 2.0系统是美国陆军JBC-P系统的组成部分，可为美军士兵提供全球实时态势感知和联网功能，提供了更快的位置定位信息（PLI）、刷新率以及更大的数据吞吐能力，如图3-20所示。所以BFT 2.0系统比BFT 1.0系统大约快10倍，可提供几乎实时的准确信息，网络可用性为99.95%。

图3-20　BFT2.0系统

如今，美国陆军几乎所有地面车辆和飞机都在使用BFT 1.0系统和BFT 2.0系统。虽然两个系统的功能相同，但使用不同的卫星信道。为了降低成本，美国陆军于2016年对用于BFT 1.0系统和BFT 2.0系统的新的信道共享能力进行了测试。目前，两种BFT系统的指挥控制软件、卫星传输、GPS能力和其他组件已实现了整合，但仍分别使用不同的卫星信道。共享信道预计将减少高达60%的卫星使用成本，使基础设施运行费用处于可控范围；当同时使用这两个系统时，由于不需要在不同硬件和软件结构间切换，BFT系统更易使用。在通信电子研究、开发与工程中心（CERDEC）情报和信息战部门举行的飞行测试期间，美国陆军顺利地在地面车辆和飞机上完成了信道共享测试，证明了信道共享能够作为可行替代方案。下一代系统将采用单信道方案，目前正在对更先进的天线、处理器、调制解调器和收发器进行市场研究。

2. 联合作战指挥平台

尽管BFT 1.0系统和BFT 2.0系统为战场士兵和前线指挥人员提供了较好能力，并继续得到财政和技术支持，但美军已经将重点放在战场技术的下一个重大目标——联合作战指挥平台（JBC-P）上。JBC-P旨在为指挥人员提供前所未有的指挥、控制和态势感知能力。

JBC-P已装备美国陆军和海军陆战队。JBC-P系统主要由JBC-P软件、车载计算系统系列（MFoCS）、战术作战中心（TOC）套件和网络运行中心（NOC）组成，如图3-21所示。

软件	硬件	网络
当前：JBC-P	MFoCS/JV-5	BFT-1或BFT-2
未来：车载计算环境	MFoCS/CMOSS	BFT-2或BFT-3

图 3-21 JBC-P 系统组成

JBC-P使用BFT 2.0系统实现更快的卫星通信，新型收发器利用国际海事卫星组织的I4卫星星座以更高数据速率获得更多带宽（前向链路达120千字节/秒，回传链路达3千字节/秒），较之前系统速度提高了10倍。该平台提供安全加密传输，且由于延迟较低大幅缩短了反应时间。JBC-P还集成了TIGR系统，该系统提供包括区域结构、障碍及特定历史事件等历史情报数据。JBC-P配有多功能屏幕，提供绘图和消息管理环境，如图3-22所示。作战人员可选择不同功能，包括可收发消息的实时聊天室，显示其他装备JBC-P的车辆、位置信息，敌方、威胁的地图图标，以及与联合战术态势图工作站（JTCW）共享态势感知和指挥与控制的能力。

JBC-P是由美国陆军和海军陆战队共同开发的，两支部队使用同一软件，可以无缝合作。陆军的网络运作中心可以监督所有BFT行动，并加强两支部队之间的合作，从而提高作战效率和成本效率。由于都使用JBC-P，美国陆军和海军陆战队能够获知彼此相对敌军的位置。JBC-P还支持他们就任务进行交流，带来巨大战术和作战优势。

图3-22　JBC-P系统界面

JCB-P最初计划于2026年全面部署，但面对改进系统的高需求，美国陆军加快部署进度。2017年8月，美军宣布JCB-P和美国陆军新型标准化战术计算机"车载系列计算系统"（MFoCS）将于2024年向所有预备役和国民警卫队单位推广。JBC-P和车载计算系统能力的结合构成了陆军下一代BFT。陆军原计划在60%的部队部署旧硬件（称为JV-5），而在其余40%的部队部署较新车载计算系统以节省成本。然而，为了更好地为士兵提供支持，陆军决定彻底更换旧硬件，从而减少软件和硬件基线，提高赛博防护能力，并通过取消旧系统的维护来降低成本。

MFoCS有多种形式，包括可拆卸的平板电脑和车载工作站。美国陆军计划到2024年拥有98000个MFoCS系统。

为满足更快部署计划，任务指挥项目经理正在增加训练团队规模，并扩大车辆硬件和软件平台采购。2018年，美国陆军共采购了16552套JBC-P。2018年2月下旬，美国陆军在国防部简报会上确认了其大幅增加JBC-P支出的计划。陆军要求将其2019年的预算从2.83亿美元增加到4.31亿美元，以支持26355套JBC-P系统采购。2018年6月，Leonardo DRS公司获得了价值高达8.413亿美元的不确定交付时间/不确定数量合同，以生产美国陆军下一代任务指挥计算系统MFoCS Ⅱ。MFoCS Ⅱ系统将为部署和升级陆军的JBC-P项目提供支持，并在关键系统能力升级、改进网络安全和多点触控显示器等方面发挥重要作用。随着陆军继续改进用于全球BFT和在途可见性后勤跟踪的JCB-P系统，平台计算服务器性能也有了显著提高。这份为期五年的合同，还将保留第一代MFoCS平台组件，包括可扩展的加固型平台计算机以及12英寸、15英寸和17英寸阳光下可读加固型显示器。随着车辆网络集成了多个传感器输入、内部和外部通信以及多个当前和未来的软件应用程序，增强的处理能力将使车载计算环境实现功能融合。根据MFoCS Ⅱ合同，Leonardo DRS将提供可拆卸的平板电脑、处理器单元、扩展坞、键盘单元、互连电缆以及多种尺寸的加固型阳光可读多点触摸屏显示单元。实际上，MFoCS Ⅱ提供了通用的互操作网络计算和触摸屏显示产品系列，旨在提供具有成本效益的商用现货技术，以及实现以平台为中心的战术任务指挥所需的关键可靠技术。

JBC-P 2017年计划部署到17支部队，2018年计划再部署18支部队。从2019年开始全面部署，每年完成50~70支部队的部署，于2024年部署到所有的预备役和国民警卫队部队。

3.陆军分布式通用地面系统

美国陆军分布式通用地面系统是2006年开始部署的新一代情报共享系统，作为机载和地面传感器平台的多系统集成地面系统，集成ASAS功能，提供集成情报、监视和侦察系统地面处理功能；通过充分利用多源数据、信息和情报使指挥人员获得态势感知，协调联合作战部队和合成作战部队各要素，实现先敌发现、先敌感知、先敌行动并最终摧毁，如图3-23所示。

图3-23　DCGS-A构成图

DCGS-A能够跨梯队处理、利用和传播信息和情报数据，为陆军情报、监视和侦察任务提供了基础支撑能力。

DCGS-A项目增量1在2015年实现了全面部署列装，96%的陆军已经部署了这种能力。陆军在得克萨斯州布利斯堡举行"网络集成评估15.2"期间完成了DCGS-A第二版后续的作战测试和评估。2015年11月，陆军定于2016年初开始部署第二版DCGS-A。到2018年5月，50%的陆军部队已部署了第二版的DCGS-A，计划2019年实现全面部署。第二版DCGS-A提供了全源融合、更高级别的机密网络和跨域解决方案套件功能，并将其扩展到旅战斗队级别，增强了态势理解、数据准确性、协作能力，实现共用作战图。第二版DCGS-A还恢复了电子情报分析功能，允许用户访问国家数据库和存储库。另外，第二版DCGS-A提供了一个尺寸、质量、功率更小以及成本更少的营级解决方案，具有可定制配置和通用软件基线，从而减少了培训、维护和操作员学习时间。第二版DCGS-A还允许部队替换遗留的ASAS分析和控制元件块Ⅱ、"预言家"控制系统和轻型数字地形保障系统，降低了维护成本。陆军后续将继续专注第二版DCGS-A部署及分析和控制元件块Ⅱ的替换工作。同时开发新的能力，使指挥人员能够在一个地方查看ISR信息，并将这些信息集成到支持情报开发的工具中。

DCGS-A正在通过一系列项目实现"能力投放1"，为营级作战人员提供陆军情报计划职能最佳解决方案支持。这些项目目标是找到一个能够满足需求的商业解决方案，其中包括在与服务器断开连接和战术通信时断时续情况下增强可用性和作战能力。"能力投放1"于2018年6月完成了第一轮用户测试，后续将继续进行测试。之后，在士兵、美国陆军测试和评估司令部以及国防部机构的支持下，"能力投放1"将决定在何处采购所需数量的产品。最终目标是迅速开展工作，在2019年向作战人员全面部署商用营级配置系统。

"能力投放1"将取代目前的DCGS-A解决方案。未来，"能力投放2"将取代企业数据库，即DCGS-A固定站点上的"融合大脑"。"能力投放3"将取代战术梯队的数据管理体系结构。"能力投放4"将取代全源（面向用户）解决方案。"能力投放5~能力投放7"将取代诸如反情报/人工情报、地理空间情报和信号情报等"功能性"应用程序，并与2017财年《国防授权法案》保持一致。使用开放的体系结构使DCGS-A具有最大灵活性，可以充分利用新兴技术和当前快速发展技术，尤其是人工智能和机器学习技术。

4. 综合防空反导作战指挥系统

2003年，美军在总结伊拉克战争中防空反导系统在支持旅级、营级、连级等不同级别任务需求时灵活性和协调性严重不足的问题基础上，首次提出防空反导一体化（AIAMD）计划并着手研发能配置灵活、动态管理的防空反导一体化指挥控制系统，即综合防空反导作战指挥系统（IBCS）。IBCS系统实际上就是AIAMD的核心指挥控制系统，可将美国陆军各个单独的导弹防御系统进行统一整合，实现陆军防空与导弹防御的"扁平化"指挥，最大限度地提高作战效率。

IBCS核心理念是把美国陆军防空与反导系统中的各种分系统、多种传感器和武器系统整合为一体，形成一体化火控系统，大幅提高防空反导作战的体系效能，如图3-24所示。IBCS将提供一套网络中心化系统方案，将陆军用于防空反导的传感器、射击武器、战斗管理、指挥、控制、通信以及情报系统通过一个集成的火控网络相连接，以克服武器系统在传感器方面受到的限制，从而实现防空反导武器系统效能最大化和整个大系统最优化，使作战部队通过一体化火控网采用任意传感器和武器系统来完成防空反导目标拦截任务。

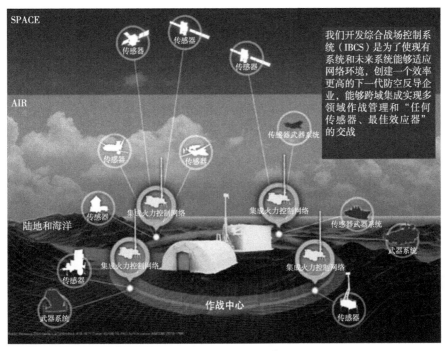

图3-24 IBCS示意图

IBCS系统通过采取"跨平台""跨系统"的信息共享和融合技术，实现与防空反导作战相关联的各种指控系统的集成整合，增加从其他途径获取数据的手段，改变当前各防空反导系统都只同特定雷达"一对一"绑定的现状，提高预警能力并合理分配火力。它可提供各种重要指挥与控制、态势感知和自动空中跟踪信息，可追踪友军并鉴别敌军飞行器、巡航导弹、无人机、迫击炮和火箭弹，支持各种防空武器系统和火力单元进行作战，并提供指挥与控制功能。此外，它还可与联合部队、盟国部队中高空防空反导指挥控制系统互通，满足美国陆军战区和全球防空反导作战需求。在装备了IBCS后，原本针对中高空目标设计的"爱国者"系统也可轻易发现从低空入侵的威胁，进而将其交给更适于此类任务的友邻单位处理。根据美军对该系统的设计构想，部署一个IBCS系统，可基本满足美军16个"爱国者"导弹营的联动作战需求。IBCS体系结构如图3-25所示。

可以说，IBCS是通过对AMDPCS、FAAD C^2I 等多系统使用的战斗行动软件进行系统集成和整合后形成的一种更高层次的新一代一体化防空反导指挥控制系统，它在防空反导作战指挥控制领域的层次要高于现役AMDPCS和FAAD C^2I 系统，功能也更为强大，未来可能与AMDPCS系统并存，也可能最终取代AMDPCS系统。

第3章 美国陆军战术级指挥信息系统介绍

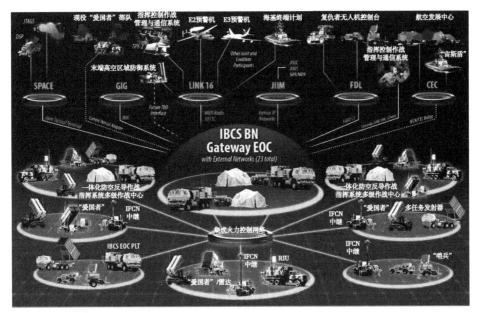

图3-25 IBCS体系结构

IBCS一直被看成美国陆军防空反导作战指挥迈向一体化的关键一步。IBCS将为陆军防空系统和导弹防御系统建立一个以网络为中心的系统的体系结构解决方案，用于集成传感器系统（包括用于目标探测、发现、跟踪、火控的多种传感器）、拦截武器系统、BMC^3I（作战管理、指挥控制、通信和情报系统）。诸如爱国者PAC-3系统、末段高层防御系统（THAAD）、陆基先进中程空空导弹（SLAMRAAM）、反–火箭/火炮/迫击炮（C-RAM）、联合对地攻击巡航导弹防御用网络传感器系统（JLENS）、哨兵系统等多种类、多建制的武器系统和传感器系统都将通过IBCS进行互联和互操作，最终将有望实现部队使用任意传感器及任意武器来完成任务。

IBCS系统把现有和未来的单个防空反导系统或单元集

成起来，使美国陆军防空反导系统在以下三个方面极大地提高作战能力。

一是显著增强现有防空系统的网络化作战能力。实现防空系统的网络化作战是今后发展的重点，即由任何位置上的制导雷达通过网络引导目标落区附近的火力发射单元实施拦截作战。IBCS将为实现这一目标提供不同种类的防空系统之间互联及互操作能力。网络化作战可扩大武器系统的防御范围，提供更大的战术灵活性，同时显著提高生存能力，并在某个关键设备无法工作的情况下保持火力。例如，某部"爱国者"系统的雷达最先发现了目标，但无法利用自身单元配属的武器进行拦截，则可通过IBCS设备和数据链将目标信息传给位于最有利发射点上的武器系统，并引导发射导弹，在导引拦截过程中将详细信息移交给该发射单元的制导雷达，最终摧毁来袭目标。

二是增强现有防空系统反巡航导弹的作战能力。雷达低空盲区的存在使对巡航导弹的防御一直是防空反导系统的一个弱点。解决低空、超低空飞行目标探测问题以及防区内通信中继问题的空基雷达和通信中继系统是实现对巡航导弹超视距拦截的关键。通过IBCS项目将JLENS集成到一体化防空反导系统中可对来袭巡航导弹提供长时间、大范围的超视距探测与跟踪，可同时向战场指挥人员提供更强的态势感知能力和通信能力，以提供充足的预警和指挥控制能力，进而可以大大提升一体化防空反导系统对巡航导弹的拦截作战能力。

三是实现战区反导的立体多层拦截作战能力。美国未来战区反导任务通常将由THAAD系统和PAC-3系统组成的特遣部队来完成。目前，THAAD系统和PAC-3系统可单独使用，但如果只作为单个烟囱式的武器系统来使用，往往在传感器、信息情报、火力等方面受到限制而无法发挥特遣部队最大效能。为充分应对战术弹道导弹，特遣部队必须采用一体化作战模式，形成高低两层防御体系实现协同作战以完成战区反导任务。通过IBCS项目THAAD系统与PAC-3系统在远期实现完全协同作战，形成战区立体多层拦截反导系统。在实际作战时，THAAD系统将确定是否需要低层防御支援。在进行作战决策时，THAAD系统在计算作战火力方案的同时就考虑了PAC-3的火力，一旦THAAD拦截弹作战失败，THAAD系统将立即向PAC-3系统发出警报并协助引导PAC-3对目标实施二次拦截以提高系统整体拦截率。当THAAD系统发现自身无法拦截的目标进入PAC-3系统作战空域并威胁到设防对象时，则通知PAC-3系统直接实施拦截。

诺斯罗普·格鲁曼公司交付IBCS项目首套硬件设备，标志着IBCS项目自2006年启动以来取得了关键的实质性进展，对美国陆军最终实现防空反导一体化具有重大意义。一方面为作战人员完成任务目标提供了多种选择方式。它改变了过去各个防空系统和反导系统单打独斗的模式，通过充分共享信息和综合统一控制可以提供不同武器系统之间更强的协调能力，同时也有助于避免类似海湾战争中误伤友军事件的发生。过去烟囱式的独立作战缺陷将有望从根本上得到解决。另一方面对提高现有装备的作战效能、发挥各个系统的最大潜力具有重大意义，该项目对武器装备的发展将产生深远影响。IBCS项目不仅为目前美军多种现役及在研的防空反导主战武器平台之间的协同作战提供了一种可行的技术途径和实现平台，而且其开放式的架构和即插即用的模式为未来装备的加入提供了非常便捷的途径。

5. 密钥管理基础设施

密钥管理基础设施（KMI）是国防部联合需求委员会（JROC）批准的电子密钥管理系统（EKM）计划的后续解决方案，自动化的、可通过网络访问的、基于电子的密钥管理和交换基础架构，为安全订购、生成、分发、管理和审核加密密钥和产品提供手段。

6. 无人机控制最佳角色分配管理控制系统

自2013年8月起，美国陆军航空开发委员开始开发一种可使空中任务指挥人员同时管理多个无人机系统（UAS）的系统，从而可在不增加操作员工作量的情况下更快地完成任务，即用于操作员提示的无人机控制最佳角色分配管理控制系统（SCORCH）。

SCORCH是一个包含智能无人机系统自主行为和高级用户接口的系统，接口可使一名用户同时控制最多3架无人机。在有人与无人平台组队（MUM-T）行动中，SCORCH可用于支持有人直升机上的一名空中任务指挥人员，美国陆军在无人机地面控制站演示了类似概念。有人与无人平台组队可同步利用有人和无人空中、地面、机器人和传感器，增强态势理解和杀伤力并提高抗毁性。

空中任务指挥人员将任务控制权委派给一个或多个无人机系统，SCORCH执行任务，当到达关键决策点时告知空中任务指挥人员。SCORCH使用了人/机交互、自主性和认知科学领域的最新技术，对其进行协同集成，并将其融入一个内聚式作战系统。人机接口根据多无人机系统控制进行优化，使用带有触摸屏的玻璃头盔、一个可移动的类似游戏使用的遥控杆，并且附带触摸屏显示器，一个辅助目标识别系统和其他高级系统。

在后续的实验评估中，16名陆军航空兵飞行员完成了2天的训练、测试和采访。根据评估，飞行员能快速适应任务执行中的变化，完成了从直接控制到对自主系统的监视转变。该实验成功演示了SCORCH可在不增加工作量的情况下提高态势感知和任务执行能力。

7. 集成视觉增强系统

美国陆军集成视觉增强系统（IVAS）是一个具有抬头显示功能的新一代夜视护目镜装备，可使士兵在进行作战、演习和训练的同时，提高士兵的感知、决策、目标捕获和目标攻击等能力。士兵可使用数据无线电台与使用IVAS的徒步人员进行数据共享。各梯队通过战术云软件包上的联网无线电设备传输数据。人工智能和机器学习技术增强了IVAS在网络受限环境中实现战场云计算和存储的能力，包括人脸识别、语言翻译、语音转文本和对象识别。

为了解决运兵途中士兵态势感知能力缺失的问题，美国陆军已将集成IVAS列为近期重点发展的高优先级项目，并通过一系列贴近实战的试验活动检验IVAS原型与现有车辆平台的整合能力。IVAS将增强士兵执行作战、训练和演习任务时的态势感知能力。该装备包括使眼睛不离开战场即可获取信息的透明数字显示器，还包括热和微光传感器，以及快速目标捕获、辅助目标识别和增强现实技术。

"布雷德利"等装甲车作为美国陆军重型武器平台和装甲运兵平台，其上安装了捕获目标的远程传感器。但是，士兵一旦进入装甲车，就无法看到其周遭情况，无法对快速变化的作战空间进行预测。为了给前往任务地点途中的士兵提供态势感知能力，陆军正将IVAS和传感器技术整合到车辆平台中，以实现在任务各个阶段都能获得最佳战场可视化能力。基于谷歌的IVAS头戴显示器集成有可在低光照情况下使用的数字热成像夜视技术和高分辨率波导技术，可为徒步士兵生成混合现实界面。在任务的任何阶段（包括运输途中）都能使单兵系统最优化是未来多域作战获得成功的关键。

为了最大限度地将IVAS集成到"布雷德利"平台，由士兵项目执行办公室、地面作战系统项目执行办公室与作战能力开发司令部（DEVCOM）组成的陆军平台集成团队于2021年9月在加利福尼亚州的罗伯茨营举行了第三次

"车辆远距离机动"(VE3)试验,如图3-26所示。

图3-26 佩戴IVAS原型的美国陆军第3步兵师士兵

参与VE3试验平台集成的目标是,不仅要确保配备IVAS的士兵随车行进的过程中不丧失态势感知能力,而且要利用车载平台传感器观察到战车"看到"的画面。来自第1装甲旅战斗队、第2~7步兵营、第3步兵师的士兵参与了试验活动。士兵们注意到,在执行简易爆炸装置(IED)搜索、侦察和复杂攻击任务时,车载传感器传送的数据更容易被车内士兵理解。IVAS增强现实系统集成了通信、热成像和夜视能力以增强"布雷德利"战车内陆军士兵的态势感知能力和杀伤力。该装置使车内的每位士兵都能看见车辆驾驶员、指挥员和炮手看到的外部情况,使士兵们一下车就能为战斗做好准备。虽然士兵们能够在行进途中接收新情报、地形和目标位置等更新信息,但他们仍希望利用车辆平台的物理优势在下车时具备最佳的作战效能。地面上的单个士兵有时会因视线受阻而无法及时发现敌军。但"布雷德利"战车较高且具备更佳的视觉能力,徒步士兵能够利用这些优势发现目标，进而制定有情报依据的战术决策。IVAS系统能够让陆军士兵更好地侦察目标，降低伤亡概率。在试验期间，有一些任务需要陆军士兵搜索IED，通过IVAS显示的信息在装甲车内寻找这些威胁装置已经表明，新型装备将对未来作战任务的成功起到非常大的帮助和作用。

如何确保士兵在进入"布雷德利"这样的车辆平台中进行远距离机动时，保持与徒步状态下相同的连通性与态势感知能力？这是不容易解决的复杂问题，但项目团队正通过VE3这样的试验活动与陆军士兵共同验证相关概念及能力可行性，最终目标是切实提升士兵的杀伤力和生存力。项目团队的工程师认为，将IVAS与"布雷德利"战车相集成能填补当前存在的作战能力缺口。当一名佩戴IVAS的士兵进入"布雷德利"战车时，他主要可以做三件事：实时查看作战区域内的态势感知并给设备充电。IVAS上配备了特定的接口，用于启动并给电池充电。对于实时查看，项目团队将战车上目前配备的前方驾驶员增强系统（DVE）、驾驶席的指挥员独立观察系统（CIV）及炮手改进型"布雷德利"探测子系统（IBAS）获取到的数据传送至IVAS。因此，士兵能够通过IVAS头戴显示装置（HUD）以被动方式查看"布雷德利"战车周围情况。项目团队还集成了无线电设备，陆军士兵能够在联网环境下使用IVAS的所有特性。如今，当士兵到达其准备下车部署的地点时，他们在大多数情况下是不知道车外情况的。在IVAS

的帮助下，士兵可以在行进途中获取更新的地图、任务和情报，如图3-27所示。在到达目的地后，士兵能够在车内看到"布雷德利"战车周围的情况，从而选择从不会遭受直接火力攻击的一侧下车并立即开展行动。士兵还能通过区域视图模式知晓其友邻车辆平台位置，因而实现平台之间协作，使士兵在"布雷德利"战车内感知更多的地面作战空间态势，制定有情报依据的决策，并临机调整行动路线。

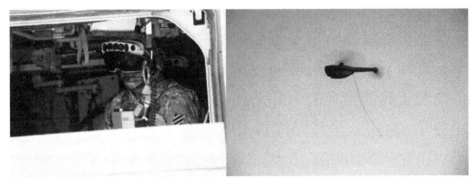

图3-27　士兵利用IVAS原型机控制无人机执行侦察任务

DEVCOM夜视实验室也是项目团队的关键成员。IVAS平台集成首席工程师Navin Mathur博士表示，将IVAS这样的网络化端用户设备（EUD）置于"布雷德利"或"斯特赖克"这样的车辆平台后将发挥非常大的作用。配备IVAS后，士兵无须徒步行进并将自身暴露于危险中，能够在车辆的安全防护下清楚地"看见"周边大片区域情况，并且可以通过"黑蜂"这样的微型无人机来极大减少士兵和车辆的物理限制。无人机能够将数据传送到IVAS头戴显示装置中，使士兵具备超越其肉眼及战车平台的可视范围。

项目团队的另一项显著成果是将单兵电力装置整合到车辆平台中。车辆平台上集成的通用电池充电系统（UBC）将减少士兵下车执行任务时携带额外的可穿戴电池的需求。这样，即便在任务行动范围扩大的情况下，士兵仍将具备充足的电能。项目团队正在进一步开发IVAS的能力，使其在任务执行的各个阶段都能够为士兵提供相关的任务信息和实用工具。将IVAS与车辆平台和无人机相结合将为单兵赋予超越自身物理限制的战斗优势。

IVAS将增强整个部队的态势感知能力，允许士兵在下车前根据可靠情报制定更佳的决策，彻底填补上车、随车行进和下车三个阶段间的信息能力缺口，同时增强车辆平台和士兵的生存能力和杀伤力。跨企业平台集成团队于2022年8月进一步开展将IVAS集成到"斯特赖克"平台的用户研究。美国陆军认为，IVAS具有成为兵力倍增器的潜力，它将使更多的车辆、乘员和徒步士兵在未来的战斗中存活下来。

8."网络勇士"未来计划

"网络勇士"未来计划（NWFI）是新一代"奈特勇士"，属于可穿戴式数字化单兵作战系统，通过JTRS和网络智能手机实现单兵作战互联互通，是一个用于徒步作战指挥员的综合态势感知与任务指挥系统，采用体系方法优化和集成信息传输与处理能力，减少指战员的作战负荷和后勤保障负担。该系统提供了便利的导航、态势感知和信息共享能力，使指挥员在战斗中能够轻松地看到、理解和交互态势信息，从而更快、更准确地做出决策，更加有效地完成作战任务。

如图3-28所示，NWFI使用了三星的Galaxy Note II智能手机作为用户终端设备（带电缆小于2B芯），佩戴在胸前的小袋中，连接到双信道指挥员电台、4G/LTE、Wi-Fi等传输手段，提供更高的带宽和更健壮、敏捷的网络环境，推动新的作战能力尽早与NW集成，包括全动态视频、机器人控制、传感器、生理监护仪等。为适应不同的应用场景，"奈特勇士"既支持处理机密数据，也可使用现成的商用加密机制处理"安全但未加密"的数据，便于用户保管与使用。NWFI系统还寻求为步兵提供Wi-Fi功能，正在开发其他步兵任务指挥功能，包括地图覆盖图、3D地图、路径规划和导航、GPS拒止环境中的精确导航和授时等。

图3-28　陆军部队使用NWFI系统

NWFI采用美国政府专有的开放软件体系架构（其核心是安卓战术突击套件），发布了软件开发套件，支持应用程序快速开发和集成,以扩展其他作战功能和移植到其他平台。NWFI系统具有许多类似于智能手机的基本功能:具有语音和文本功能,能共享PDF或文档;可拍照并上传给上级司令部;具备GPS功能,可进行蓝军跟踪。该设备佩戴在胸前,需要时可配备盖子,并与无线电台和电源相连。除了这些基本功能,该设备还可安装陆军专用的应用程序。目前,排长可浏览陆军"灰鹰""影子"和"猎人"等无人机发送的实时视频。另一个是敌军飞机警告功能,如果敌军袭击一个排,则各智能手机都会收到警报。"奈特勇士"项目正在测试和评估被称为"步兵精确火力"的应用程序,该程序可呼叫火力支援。前方观测员和火力支援小组可使用该程序传输和接收信息,从而实现班队级的火力控制。如果一名叛乱者或狙击手藏在城市中的一个窗户后面,陆军可能会使用迫击炮或空袭打击,但是会造成很多附带损害,如果能够在班队级提供精确火力,就可以消灭威胁并且不会产生附带损害。美国陆军部队间的连接至关重要,但这些连接可能会受到敌军攻击。因此陆军寻求将各种能力迁移至班队级部队,为下级部队提供更多能力,以避免仅依赖上级的能力。

3.2.4 系统分析

美国陆军战术级指挥信息系统集成建设,大幅提高了重型机械化部队的信息化水平,促进机械化部队向信息时代过渡,将"烟囱式"通信与指挥控制系统集成为一个整体的ABCS，大幅提高了作战效率。同时通过整体推动信息系统转型，提高移动指挥控制能力，通过实施作战指挥系统融合压缩战略，把大量战术指挥控制分系统融入作战指挥协同环境通用体系结构中，以CPOF建设为基准，实现对多种专用作战功能系统的综合集成。经过大规模实战应用检验，指挥系统成为支撑美军高效多域作战的基础系统，新兴技术性能得到验证；通过建设确立了数字化技能规范，增强单兵信息素养。

在战术层面，信息系统集成建设的效果还不十分明显，陆军数字化部队信息系统融合能力有限，存在的很多问题并未得到彻底解决。一是指挥系统集成度低，不适应快节奏作战。ABCS是对11个指控分系统的互联互通，指挥所转移前要关掉所有系统，到达新位置后要重新建立连接，同时还要保持作战指挥的不中断。美军统计，平均转移旅战术作战中心需5小时，转移师战术指挥所需6~8小时，而转移师基本指挥所需要10~12小时，指挥机构的转移和开设往往跟不上部队的作战节奏。二是信息传输能力有限，未能实现远程"动中通"。战术互联网从结构上实现了互联互通，但各类无线电台多为七八十年代产品的改进型，技术水平落后、标准各异，旅以下用户带宽十分有限，及时数字无线电台（NTDR）作为旅、营级指挥所之间的数据通信骨干，理论数据传输带宽为200千字节，作战中分配给终端用户的实际数据传输带宽只有3千字节。移动用户设备构建的野战地域网为营以上各级指挥所提供了范围有限的移动通信保障（军级野战地域网可保障范围为24300平方千米，大约可覆盖科威特城到纳西里耶的范围），但系统节点多、安装不便、转移费时。军、师指挥所的通信设备从开始安装到具备初始通信能力需要45~60分钟，不能很好地适应远距离、快节奏作战的要求。在伊拉克战中依靠部分商用卫星为军、师级提供了最低限度的远距离移动指挥控制功能，但大多数指挥所还是依赖调频无线电台进行视距通信，无法满足在移动中提供远程多媒体数据传输和实现互操作的需要。三是未能解决单兵级数字化鸿沟。美国陆军数字化部队在单兵级存在明显的数字化"鸿沟"。可穿戴式"陆地勇士"系统能够为单兵提供访问数字地图、任务执行清单等关键信息服务，但历经多年研制，一直未能正式列装。单兵级信息终端依然离不开视距通信设备，已部署的通信网络需要依托各类空地平台才能实现超视距的互联互通，也限制了地面部队在近距离接触作战和城区作战中的战术灵活性。

3.3　战术级信息基础环境

美国陆军战术级信息基础环境，在体系建设阶段主要以SICPS为指挥控制系统提供标准的局域通信网络、计算环境、存储环境和运维保障环境；在融合建设阶段通过升级SICPS形成COE。

3.3.1 标准综合指挥所系统

标准综合指挥所系统（SICPS）是美国陆军为数字化部队提供支持的作战指挥系统，为机步师指挥机构提供网络化指挥信息平台，为ABCS提供基础支持。SICPS的灵活性、通用性使其可与各种通信和网络设备连接，大大提高了指挥所开设与部署使用的灵活性。

SICPS是一个标准指挥所装备系列。该系列硬件装备包括：

（1）帐篷指挥所。占地面积为3.35米×3.35米，由3个铝支架支撑，带有可互换的蒙布侧壁。当连接两个或更多帐篷时，可以拆掉其中的任何侧壁。帐篷指挥所内有两张桌子、地图板以及一套荧光灯。用接合通道壁替换一个侧壁，它可以与除了5吨展开式拖车指挥所以外的其他任意一种SICPS变型相连。

（2）硬壁式掩蔽舱指挥所。其安装在高机动性多功能轮式车掩蔽舱运输车（M1097）上，由一台10千瓦车载发电机提供动力。主要组件包括装备架、内部照明与遮光装置、动力与信号进出面板、内部布线、车际通信系统、18000 BTU环境控制装置、生化防护设备、电磁干扰屏蔽、快速竖起天线桅杆，可为两个C^4I工作站和操作者提供工作空间。

（3）履带式指挥所。其由现有M577履带车改装成的M1068指挥车，添加的组件包括车载5千瓦发电机、设备台、内部照明、动力与信号进出面板、内部布线、车际通信系统、QEAM，为2个C⁴I系统工作站和两名操作者提供工作空间。

（4）敞篷指挥所。现有5吨展开式拖车（M934A2）的一套M-2780/G设备，包括设备架、内部照明与遮光装置、动力与信号进出面板、内部布线、QEAM，为4个移动式C⁴I系统工作站和操作者提供工作空间。

（5）软顶高机动性多用途轮式车指挥所。现有的高机动性多用途轮式车用的一套M-2727/G设备包括设备台、内部照明与灯火管制、动力与信号进出模块、内部布线、QEAW支架，为2个C⁴I工作站和2名操作者提供工作空间。

在系统组成上，SICPS包括指挥所局域网系统（CPLAN）、指挥所通信系统（CPCS）、指挥中心系统（CCS）和车载支持系统（TMSS），共有七种配置方案，可安装在轮式或履带底盘上、货车、帐篷或坚固掩体中，不同部队的数字化指挥机构可能有不同的配置方式。SICPS可为旅级、师级乃至军级的指挥人员和队员提供模块化兼容集成战役级指挥所平台以及具备联合能力的C⁴I物理基础设施。

在SICPS中，独立工作站和作战信息中心用于信息处理。独立工作站的核心是独立的战场自动化系统（BAS）及其所支持的战场作战系统（BOS）。工作人员在独立工作站上的任务是输入及监控职责范围内的数据。工作人员还应负责存取局域网或广域网中的网页数据及共享文档，履行维护其战场作战系统的职能。作战信息中心的核心任务是进行集成化的战场监控及决策。作战信息中心位于指挥机构中用于显示信息的特定位置。作战信息中心是指挥人员及参谋查看信息，维持后勤补给的核心指挥区域。作战信息显示在大屏幕显示器上，这也是指挥所内唯一可同时看到所有关键战场控制系统数据的地方。指挥人员利用作战信息中心阐述其作战方针，并在参谋辅助下制定与修正通用作战态势图。大屏幕显示设备分辨率可达 1024×7680 像素，采用100/240伏交流电源，也可由战术车辆供电。作战信息中心的设备配备由部队编制装备修订表（MTOE）规定，通常配备两个大屏显示系统，每个大屏显示系统可支持9个子屏幕显示，每个子屏均用于显示ABCS信息。但是，通常每个大屏显示系统一般只配备4个子显示屏幕。

3.3.2 陆军通用操作环境

当前美国陆军火力、机动、情报和导航等作战功能仍采用独立系统，这些系统硬件不仅占用了车辆和指挥所内的大量空间，而且每个系统运行各自定制软件，使更新和培训复杂化。这也造成了各部队和功能之间信息共享的障碍。

为满足信息化条件下联合作战需求，美国陆军正在全力构建陆军通用操作环境（COE），旨在为战术级任务指挥系统提供通用基础环境，简化任务指挥网络复杂性，提升不同系统间的互操作性。美国陆军于2010年发起COE计划，最新一代COE于2019年开始增量部署。COE为陆军系统的构建和部署转型提供了一种范式。遵循最佳商业实践模式，COE在关键系统之间建立了共享组件的通用基础，使得它们能够"开箱即用"，而不是目前所采用的到最后才集成的模式。COE将集成放在首位，确保士兵能在系统和梯队之间共享信息，从而在正确的时间、正确的地点获得正确的数据。它还通过消除重复的开发、运营和维护来提高效率。

1.COE组成

COE是由美国陆军未来司令部下属的网络指挥、控制、通信与情报跨职能团队负责的项目，旨在为陆军各种作战环境中的任务指挥系统提供通用基础，支持不同系统之间的信息共享和互操作，COE是实现战术环境中云计算能力的重要基础。COE并非一个系统或一个采购列档项目，而是一套经过批准的标准和框架，使安全和可互操作的应用程序能够在各种计算环境（CE）中快速开发和执行，为现有各系统向基于云的网络体系结构迁移提供支撑，实现战场信息高度共享，提升系统间互联互通互操作能力。COE建设成为美国陆军网络现代化建设的重要组成部分。

COE由一个基础设施和六个计算环境组成，分别是指挥所综合基础设施（CPI^2）、指挥所计算环境（CPCE）、车载计算环境（MCE）、移动/手持计算环境（M/HHCE）、数据中心/云/力量生成计算环境、传感器计算环境和实时/安全关键/嵌入式计算环境，如图3-29所示。美国陆军当前正在部署的计算环境包括CPCE、车载计算环境（MCE）

和移动/手持计算环境,其余三个计算环境的研发尚未有公开信息发布。

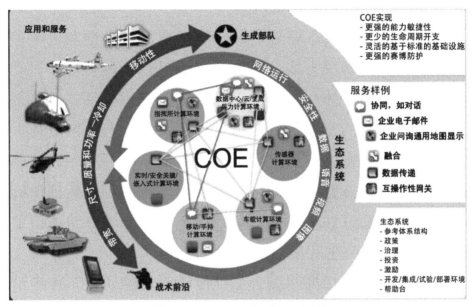

图3-29　COE组成示意图

当前大国对抗加剧的国际环境,对指挥控制系统快速前推、分布式指挥体系快速构建与柔性重组及抗毁生存性都提出了更高要求。美国陆军认为笨重、复杂的传统指挥所结构(大中型帐篷式指挥所)已无法适应未来远程作战和联合全域作战需求。因此,从2015年开始,美国陆军在《2025指挥所构想》《任务指挥网现代化战略》等顶层战略规划的指导下,开展了CPI^2和车载计算环境(MCE)等项目;近期陆军领导人表示2023财年将对CPCE和CPI^2进行重大更新,着力提升指挥所机动性和生存能力,加强机动指挥所内计算环境现代化,成功打造出具备模块化、高集成性、可扩展性、低电磁辐射等特征的轻型高机动性指挥所，能够为美国陆军在未来"联合全域作战"环境中实现不间断任务指挥提供有力支撑。

1）指挥所综合基础设施

CPI^2是美国陆军增强多域作战指挥所机动性和可生存性方面的一种解决方案，其目的是通过在物理特征、机动性、标准化和一体化等方面进行改进，提供机动式、可裁剪、抗毁性强的车辆与方舱组合指挥系统平台，以取代大型易受攻击的帐篷式固定指挥所。指挥所综合基础设施利用车辆平台与方舱系统的组合来实现传统固定式指挥所的功能，同时通过移动指挥所基础设施的机动性和快速位置变换能力来提高生存能力。

美国陆军为指挥所综合基础设施项目的研发工作申请了3550万美元，并通过增量0和增量1这两个增量来部署指挥所综合基础设施。2018年，美国陆军开始进行指挥所综合基础设施增量0的相关工作，增量0涉及旅战斗队指挥所的原型设计、集成和后续正式设计等多个阶段。为选定的部队配备机动平台、安全无线通信和智能电源解决方案。然后各部队将各自的系统集成到平台上，以便为未来的指挥所设计提供建议。

指挥所综合基础设施增量1从2019年开始，包括为五个旅战斗队配备移动指挥所原型。原型测试的结果将为CPI^2的要求和未来设计提供参考。CPI^2增量1主要通过四条产品线来增强指挥所性能：①任务指挥平台：能够以数字方式连接各指挥所工作站及军级、师级和旅级指挥小组。②指挥所保障车：搭载任务指挥服务器和其他网络及通信硬件。③综合保障系统：一套软件工具，增强指挥所内的态势感知能力。④移动指挥群组平台：为军级或师级指挥人员提供数字工作空间支持，能够快速安装和拆卸，增强机动能力，如图3-30所示。

特点： ·减少指挥所物理特征 ·增强机动性和敏捷性 ·集成先进任务指挥信息系统 ·支持各级作战需求 指标： ·融入作战编队中以减少机动指挥所的目标特征 ·4~8辆车编队，像机动排一样作战，当处于战场关键决策点时能够向指挥官同步提供附近战斗的战况 ·指挥所节点生存性 ▷减少物理和电磁特征，降低指挥所被探测和被瞄准的概率 ▷提升机动性以增强生存能力	**产品线1：任务指挥平台** ·说明：作战时为指挥官和参谋提供工作空间，通过快速搭建和收起任务指挥平台提升指挥所的生存性，提供动中通能力 ·CPI²的投资涵盖以下范围： ▷设计工作站，运行电源及数据线，天线，安装地图板、显示器及桌椅 ▷选择并安装统一语音管理系统（UVMS） **产品线2：指挥所保障车（CPSV）** ·说明：安装服务器、无线电、局域网及安全无线通信设备作为旅及旅以上部队的通信节点 ·CPI²的投资涵盖以下范围： ▷集成任务指挥服务器及战术网、战术无线电通信设备 ▷选择并安装统一语音管理系统（UVMS） **产品线3：综合保障系统（ISS）** ·说明：在作战阶段为安全部署的指挥所提供相关的辅助设备和基础设施 ·CPI²的投资涵盖以下范围： ▷统一语音管理系统、指挥所显示系统、安全无线网络远程节点 ▷可牵引扩展方舱系统（TESS）和空调系统 ▷先进的智能化电源网 **产品线4：移动指挥群组平台（MCG）** ·说明：为军级或师级指挥官提供数字工作空间支持，能够快速安装和拆卸，增强机动能力 ·CPI²的投资涵盖以下范围： ▷视距和超视距通信能力 ▷同时进行低负载和中负载数据连接 ▷用户能够与"斯特赖克"旅战斗队、多用途装甲车以及联合轻型战术车项目经理协同和交流

图3-30　CPI^2 增量1能力和产品线

2021年6月，美国陆军测试了 CPI^2 原型系统。第2"斯特赖克"旅在29分钟内完成了 CPI^2 的部署，45分钟内完成整个旅战术行动中心的部署，与传统指挥所结构3小时完成部署相比，速度快了3倍。美国陆军表示CPI^2已经通过了"最终原型设计审查"并获得增量1的里程碑决策权，正式进入工程制造阶段。

美国陆军计划2024财年签订CIP^2正式合同，预计将涵盖系统生产、集成、部署、培训和维护。之后陆军将在2025财年部署第一支配备增量1平台的部队。

2）指挥所计算环境

CPCE是支持指挥所和作战行动的核心计算环境，将指挥所中机动、火力、后勤、情报和空域管理等任务指挥功能进行整合，为战术作战中心内的指挥人员和参谋提供互操作性强、安全性高的计算基础架构和任务指挥应用程序。最新CPCE 3.0版集成了战术任务指挥系统中的CPOF、TIGR、指挥Web和陆军GCCS-A四个系统的功能。

CPCE旨在使指挥所内部的计算环境现代化。传统计算环境的关键问题是缺乏互联性，旧式应用程序被用于与自身作战功能相关的任务指挥系统，意味着它们通常拥有自己的硬件，这些应用程序有不同的接口，所以有些无法相互连接。这导致作战人员无法完全感知战场，坐在电脑前的指挥人员必须同时关注多个不同屏幕，才能看到不同态势图、不同数据。CPCE目标是将这些应用程序显示的内容整合到一个屏幕上。该计算环境提供了一个易于使用的通用作战图，士兵只需操作和维护一个任务指挥套件就能操作通用作战图，并从各种来源和有利位置提取信息，该系统可以为指挥人员提供更完整、分层的战场空间视觉效果。

CPCE正在以不同的增量进行开发和部署，增量1于2021年12月获得全面部署批准，并已开始部署到部队。增量1的部署标志着陆军具备不同作战功能的应用程序被首次融合到CPCE中，这些应用程序包括新的任务规划和白板工具、地理空间情报工具等。驻扎在德国格拉芬沃尔的第41野战炮兵旅是第一个接收新系统的旅。目前，已有120支部队获得了CPCE。

软件融合也减少了硬件占用空间，使用CPCE的部队都部署了最新版本的战术服务器基础设施，与传统服务器堆栈相比，最新的硬件减轻了800磅（1磅≈453.59千克）的质量，减少了63%的设置时间，并将启动时间缩短了一半。

目前正在开发的增量2版本寻求通过支持云架构进一步减少硬件占用空间。将云整合到计算环境中意味着计算环境可以提供"持久的任务指挥即服务"。云永远在线，如果一支部队在执行任务期间必须断开网络连接，他们可以在获取任务信息后在移动中开展任务指挥行动，一旦这支部队能够重新连接到云，就能立刻获得最新战场态势信息。

增量2版本在2023年3月进行测试，并获取士兵反馈信息，2024财年第三季度将完成最终测试，士兵测试和输入对CPCE的发展至关重要。

3）车载计算环境

车载计算环境是美国COE的六个计算环境之一，将在美国陆军战术车辆内提供基于安卓系统的简单直观的移动中任务指挥能力。

车载计算环境硬件主要由车载计算机系统系列（MFoCS）构成，MFoCS包括可拆卸平板电脑、处理器单元、键盘、可移动固态存储、显示单元、适用于各种平台的布线和安装套件，提供从全套车载工作站到可拆卸的战术平板等多种计算选项。所有系统被设计为坚固耐用，可在各种军事和作战环境中连续工作（图3-31）。

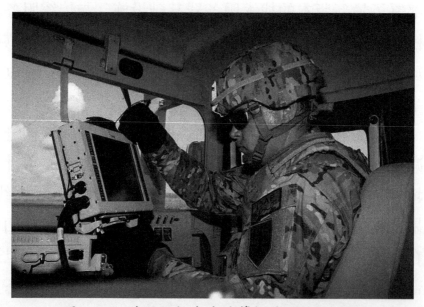

图3-31 美军操控车载计算机系统平板电脑

车载任务指挥软件（MMC-S）是车载计算环境的软件组成部分，旨在向下至排级的最终用户提供简单、直观的移动任务指挥和态势感知能力。MMC-S对美国陆军指挥所现代化至关重要,它将作为一个融合空间来加载和运行各种作战功能,在提供机动应用程序的同时,还提供可扩展软件开发工具包,支持将综合共用作战图(COP)、军事情报、火力、医疗、后勤和第三方应用程序等多种作战功能(WFF)融合到安全、强化的车载计算环境中,从而提供完全一体化的共用作战图(图3-32)。

图3-32　车载计算环境的屏幕截图

随着美国陆军通过"能力集"(CS)迭代继续推进战术网络技术现代化,MMC-S将利用陆军指挥系统和JBC-P成熟的硬件和网络传输能力,不断增强指控能力、安全性和网络韧性,以应对作战对手的对抗和威胁。作为车载计算环境的核心软件，MMC-S的目标是从2023年底开始取代美国陆军现役JBC-P软件。

与JBC-P相比，MMC-S最受推崇的增强功能之一是图形用户界面。作为基于安卓（Android）的软件程序，MMC-S采用了"安卓战术攻击套件"（ATAK）。这种类似于手机界面的图形用户界面为士兵提供了通用的外观和感受。士兵能够利用他们对手机的理解有效地使用MMC-S（图3-33）。

图3-33 士兵在测试车载计算环境原型套件

2018年11月，美国陆军士兵在布利斯堡进行的NIE 18.2中对车载任务指挥系统和安卓战术突击工具包进行了测试。美国陆军在2022年第3季度进行MMC-S有限用户测试和作战演示，在2022年4季度的第一次软件迭代中有限部署MMC-S，并于2023年第1季度开始装备第2骑兵团。在"能力集25"软件迭代期间，MMC-S会将开发重点转移到"斯特赖克"、"艾布拉姆"和其他平台。

4）移动/手持计算环境

M/HHCE以"奈特勇士"系统为基础构建陆军手持式任务指挥系统。手持终端以商用智能手机为平台，通过无线电台接入陆军战术互联网。"奈特勇士"系统项目执行办公室发布的软件开发套件允许第三方开发符合COE标准的应用程序，用于替代独立的系统应用程序，目前，可用的软件应用程序有外语翻译、伤员护理和反情报报告等。

5）数据中心/云/力量生成计算环境

数据中心/云/力量生成计算环境是陆军战略网络与战术网络之间互联互通的关键节点。它以云计算架构为基础，具有网络信息共享、存储空间共用和基础服务通用等特点，以数据共享方式扩大不同的组织机构、部队层级和地理位置之间的协作范围。

6）传感器计算环境

传感器计算环境致力于在所有作战功能中改善传感器与一线作战人员、武器平台和指挥机构的交互性。传感器计算环境针对数据服务、网络运营以及传感器安全，制定相应的标准规范，为士兵提供跨平台和梯队的通用语言，便于传感器信息的传输和应用。

7）实时/安全关键/嵌入式计算环境

实时/安全关键/嵌入式计算环境摒弃开发硬件或软件

的常规做法，注重开发标准框架并构建软件生态系统，将作战功能以应用程序的方式嵌入陆军武器平台。该计算环境能够对现有众多平台中的通用设备和信息进行整合，使武器、单兵和部队充分融合。

2. COE建设特点

1）机制保障、在线升级，增强网络空间安全

美国陆军战术互联网为任务指挥系统提供数据传输服务，支持不同系统之间的信息共享和互操作。但随着陆军战术互联网性能的不断提高和新任务指挥系统的持续加入，指挥信息系统的规模更加庞杂，网络安全威胁逐渐增大。美国陆军积极推进相关安全机制和协议规范的实际应用，高效融合任务指挥和通信系统各项功能，精简终端节点数量，减少网络漏洞；采用在线方式快速升级应用程序，安装安全补丁，提高处置网络威胁的时效性，实现"常态预防—及时检测—快速处置"的良性运维。

2）功能整合、优化流程，提升作战应用效能

美国陆军发布的《陆军作战构想2020—2040：在复杂的世界中获胜》提出构建具备远征能力的敏捷型部队。但当前任务指挥系统型谱复杂、硬件设施种类多样，陆上及空中运输不便，不利于部队快速展开作战行动。为此，美国陆军着重改善COE基础设施，精简Web应用程序种类，整合多种作战功能，以提高作战人员的业务素质和协同水平，充分发挥任务指挥系统效能；优化与联盟伙伴的交互流程，标准化软硬件接口，提高陆军有效标记数据和共享

信息的能力，提升与联军、盟军部队的联合作战能力。

3）创建标准、军民融合，降低生命周期成本

美国陆军任务指挥系统的原有设计采取先独立开发而后综合集成的思路，集成难度大、成本高、耗时长，后期的软硬件升级改造需要专业的技术团队才能完成。COE寻求创建标准基线、软件开发套件和软硬件接口，引导研发人员基于接口标准开发可互操作的产品，提升研制开发效率；最大化通用软件环境和硬件平台比例，标准化系统维护流程，节省系统维护成本；鼓励高科技民企参与军事科研，以"竞争择优"的方式为标准基线开发战术应用程序，吸纳现有民用先进成果，降低研发成本，缩短系统部署时间。

3. COE发展方向

美国陆军借鉴智能手机的发展理念，遵循基于作战需求和可用资源的增量部署战略，持续不断地逐步向部队提供COE。像商业软件发布一样，用基线"版本"更新的形式来体现COE的功能改进及计算环境（CE）的持续更新。有关COE的多项工作已经完成。诸如"奈特勇士"（机动式/手持计算环境）和联合作战指挥平台（车载计算环境）等系统已经为作战人员所用，且在设计之初就考虑到了COE。规模更小、模块化程度更高的解决方案能够在更高指挥层级或作战的成熟阶段提供更高的能力，CPCE通过使用上述解决方案完成了作战和情报硬件的初始汇聚，还将数个独立的任务指挥系统转变为一体化软件应用。

3.4 战术级信息通信系统

美军陆战场通信网络主要由陆地、机载和空间层在内的多层网络组成，包括WIN-T、JTRS、转型通信卫星系统（TSAT）、国防信息系统网、全球广播系统、GIG带宽扩展计划（GIG-BE）等。通过天空地立体组网，网络结构全面优化，覆盖范围大大拓展，更好满足陆战场各类要素的通信联络需要，同时实现网络的此断彼通、抗毁顽存，大幅提升系统可用性。

美国陆军战术级信息通信系统以WIN-T为核心，以SINCGARS、JTRS、通用数据链系统（Link-16）、ADDS为补充，以ITN、CNR为发展方向，重视天、空、地基多维资源的综合应用，具有保密性、可靠性和网络连通性的快速驻停通信能力。

3.4.1 作战人员战术信息网

作战人员战术信息网是美国陆军研发的新一代自组织、自愈合综合通信网。它采用商用技术，通过有线和无线方式传输语音、数据、视频等信息，是陆战网的关键组成部分，可为战场上的分散部队提供大容量和高移动性通信。

为提高抗干扰和服务能力，美国陆军最早于1996年提出作战人员战术信息网，替换"三军联合战术通信系统"（TRI-TAC）和"移动用户设备"（MSE），在2010年及以后的美军战场上发挥着巨大作用。

WIN-T是美国陆军一种移动、高速、大容量的宽频主干通信网络，如图3-34所示，支持陆军全频谱作战，地域覆盖范围上至战区级下至连级单位。WIN-T以节点（包括机载通信节点）为中心，包括广域网络节点（WN）和用户节点（SN），其中WN之间的连接依靠地面宽带无线电中继系统、卫星通信、对流层散射通信、无人机通信或光纤电缆等方式实现，相互连接的WN形成WIN-T主干网络；SN则为战术用户接入该网络提供了入口。

图3-34　WIN-T

1. WIN-T的组成

WIN-T采用"增量"式发展方式，共计划4个增量任务："增量1"为驻停通信能力，"增量2"为初始动中通信能力，"增量3"为全网移动中通信能力，"增量4"为受保护的转型卫星通信能力。

1）增量1

WIN-T增量1采用现有商用技术，为战场部队提供静态组网能力，主要用于向网络管理员提供所需的资源，并将这些资源与卫星和地面传输资源连接起来，构成一个符合陆军模块化师级和旅级战斗队直至营指挥所结构的网络。该网络由五部分组成：区域中枢节点（RHN）、战术中枢节点（THN）、联合网络节点（JNN）、指挥所节点（BnCPN）、Ku频段战术卫星终端（STT）。RHN可覆盖某个地理区域内部署的所有单元，美军现全球部署5个固定区域中枢节点，其中中央司令部、太平洋司令部和欧洲司令部各1个，美国本土2个。在全部运行时接近实现全球覆盖，并可在师级战术中枢节点部署前，或者在指挥人员决定不部署战术中枢节点时，为战区部队提供初始中枢支持。1个固定区域中枢节点可同时支持3个师，并可为独立的旅级战斗队以及远征通信营提供灵活的支持。节点配置1个标准化战术接入点（STEP）或1个远程端口设备，始终保持对全球信息栅格（GIG）的高带宽接入。THN位于师级，它将时分复用和频分复用Ku频段卫星网络体系结构连接在一起，可提供端到端的Ku频段卫星链路网络连接能力，从而使WIN-T能够通过区域中枢节点接入国防信息系统网（DISN）和国防交换网（DSN）。JNN位于师级和旅级战斗队指挥所。该节点包括1个安装了高机动多用途轮式车上的S-250方舱通信平台，可将空间卫星信息与地面大容量视距通信（HCLOS）系统资源进行连接。师级和旅级战斗队作战时，师级和旅级战斗队司令部还可通过WIN-T"增量1"对网络服务、网络管理和评估优先权的关键组件实施控制。联合网络节点还可通过THN，实现对GIG、DISN和DSN的网络服务连接。BnCPN是设在营级的一组轻型可展开的转接箱，由非密IP路由网和保密IP路由网通信处理设备组成，为部队提供语音与数据功能。保密IP路由网和非密IP路由网数据箱可向网络中的用户提供数据服务，另外还能提供IP语音交换、传输系统的Ku频段服务以及用户局域网服务。STT采用现有成熟商用卫星技术，可车载托挂，可单兵操作，单兵操作时仅需30分钟即可架设完毕。可与空间Ku频段卫星连接，从而形成战区至营级部队的立体栅格化网络。

2）增量2

美国陆军现役战术通信系统以WIN-T增量2为核心，能够为区域中心、师、旅直至机动营、连、单兵提供通信服务。WIN-T增量2主要由战术通信节点（TCN）、战场接入节点（POP）、士兵扩展节点（SNE）、车载无线包（VWP）、卫星通信拖车（STT）、战术中继塔（TR-T）等组成。这些通信节点中，既有独立通信车辆（TCN），也有通信拖车（STT、TR-T），还有模块化通信系统包（POP、SNE、VWP），较好支持了通信能力的按需集成和通信节点的灵活编配。

TCN是WIN-T增量2的核心装备，如图3-35所示，采用方舱底盘承载微波网络电台、动中通卫星等通信设备，与网络运行和安全中心互联实现网络运行管理与状态监测，主要用于保障高级别指挥所对外通联。

图3-35 WIN-T增量2战术通信节点

POP通信包集成微波网络电台、动中通卫星、战术电台网关等通信设备,SNE通信包集成动中通卫星、战术电台网关等通信设备,能够提供宽带动中通信能力和战术电台子网接入能力,可按需集成于各级指挥车辆,如图3-36、图3-37所示。

图3-36 WIN-T增量2战场接入节点

图3-37 WIN-T增量2士兵扩展节点

VWP通信包集成WiMAX设备等，具备驻停和动中宽带无线传输能力（驻停时传输距离约为4千米，动中传输距离约为800米），可按需集成于各级指挥车辆，利用本地接入波形与TCN互联，如图3-38所示。

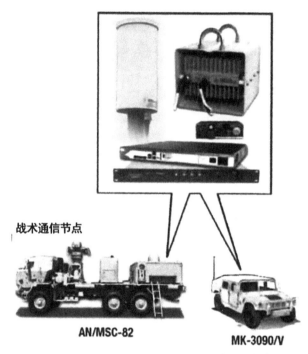

图3-38　WIN-T增量2车载无线包

STT搭载定向天线卫星战术终端，支持商用和军事卫星通信，通过与TCN互联，主要用于增强高级别指挥所驻停卫星通信能力，如图3-39所示；TR-T搭载全向天线微波网络电台，利用30米高的天线杆来提升视距通信能力，主要用于加强作战地域微波骨干网络覆盖，如图3-40所示。

图3-39　WIN-T增量2卫星通信拖车

图3-40　WIN-T增量2战术中继塔

各类通信装备编配部位如表3-1所示。

表3-1　WIN-T增量2主要通信节点编配部位

WIN-T增量2节点	师指挥部	旅指挥部	营	连
师级网络运行与安全中心	√			

续表

WIN-T 增量 2 节点	师指挥部	旅指挥部	营	连
旅级网络运行与安全中心		√		
战术通信节点（TCN）	√	√	√	
战场接入节点（POP）	√	√	√	
士兵扩展节点（SNE）		√	√	√
车载无线包（VWP）	√	√	√	
卫星通信拖车（STT）	√	√	√	
战术中继塔（TR-T）	√	√		

WIN-T增量2通信节点，能够依据各类型作战部队建制实现按需编配，以美国陆军"斯特赖克"旅为例，共编配9个战术通信节点、10个战场接入节点、12个车载无线包、9个卫星通信拖车、1个战术中继塔、45个士兵扩展节点和1个旅级网络运行与安全中心。

在组织运用上，WIN-T增量2网络由骨干网和指挥所子网组成，如图3-41所示。骨干网由微波骨干网和卫星构成，其中：微波骨干网主要由TCN、POP和TR-T的动中通微波网络电台组建，在驻停条件下，辅以大容量视距微波传输设备为重点方向/用户提供高带宽点对点通信链路（16兆字节/秒，40千米）；卫星骨干网主要由集成于TCN、POP和SNE的动中通卫星设备组建，在驻停条件下，辅以STT为高级别指挥所提供大容量卫星传输能力。指挥所子网主要由编配于指挥所车辆的用户接入箱和VWP提供的有/无线手段构建。

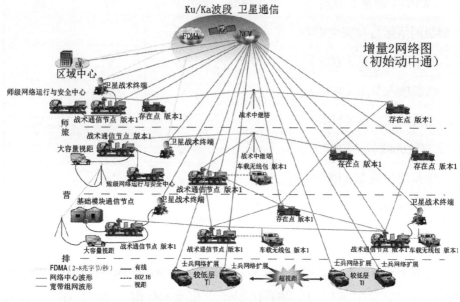

图3-41　WIN-T增量2网络

3）增量3

WIN-T增量3是在军用规格包装下的全网移动中通信。利用先进极高频卫星（AEHF）连接整个网络，以减少对商用卫星的依赖，并大大增加了卫星通信能力。增量3在增量2的基础上主要增加了空中中继平台和个人通信设备（PCD）。空中中继平台主要包括两种无人机：无人直升机和常规无人机。这两种无人机的一个共同任务是充当空中中继节点，这使WIN-T由原来的地面、空间两层架构变为地面、空中、空间三层架构。机载节点具有卫星通信的诸多优势，却没有卫星通信所造成的延迟，并且具有快速部署能力。空中层的引入能够显著扩大WIN-T的网络覆盖范围。在需要的时间和地点，能够快速部署无人驾驶飞行器。无人机的作战重点过去主要是充当监视和攻击平台，美军正在制定新的条令，将其功能逐步扩展为通信节点，以增强整个网络的覆盖范围和通信能力。单兵能够使用PCD通过SNE与上级相连，赋予其接入上级指挥机构乃至GIG的能力。PCD集数字化、智能化、网络化于一体，使战场的信息传递和处理达到"实时化"的程度，从而提高士兵对战场情况的反应速度，提高决策效率，极大增强了部队整体作战能力。

4）增量4

增量4是可连接转型卫星通信系统（TSAT）的全网移动中通信能力（目前尚未定型）。WIN-T大量依赖卫星进行通信，使卫星成为WIN-T传输可靠性的关键，一旦卫星被摧毁，WIN-T的传输可靠性将会大大降低。未来，TSAT将取代AEHF，它具有高传输速率、反干扰技术、低概率被中断技术、低概率被侦察技术，能够增加卫星在战场上的生存能力，确保WlN-T的可靠运行。

2. WIN-T主要特点

1）网络结构适应作战需要

WIN-T与普通移动网络和固定网络相比，具有以下优点：第一，无中心节点，WIN-T网络结构不需要设置任何中心控制节点，所有节点的地位平等，任何节点均可以随时进入和离开网络，而且其故障不会影响整个网络的运行，因此WIN-T网络结构具有很强的抗毁性。第二，动态拓扑，WIN-T网络节点可以随处移动，也可以随时开启和关闭，从而使网络的拓扑结构随时发生变化。这种能力对于陆军向可伸缩的模块化作战部队转型来说非常关键，美国陆军能够从基于师的资源转型为基于各个旅级战斗队的资源进行作战，可以在进行超视距部署的同时为较低层的士兵提供通信和信息共享服务。

2）网络传输能力适应作战需要

WIN-T利用现有成熟的商用技术，提供大容量高速传输能力，并引入NCW和HNW等新技术使网络传输能力大幅增强，战术通信卫星提供的传输速率达到8.2兆字节/秒，相比过去的军事星（Milstar）数据传输速率增加了25倍，这将使保密的视频、战场地图和目标数据等战术军事数据获得实时传输能力，为指挥人员不间断地实时获取战场态势、实施正确的指挥决策提供有力支撑。

3）快速部署能力适应未来需要

WIN-T的布设或展开无须依赖任何预设的网络设施，节点开启后就可以快速、自动组成一个独立的网络。当节点与其覆盖范围之外的节点进行通信时，需要中继节点进行多跳转发。与固定网络不同，WIN-T网络中的多跳路由是由普通的网络节点完成的，而不需要使用专用的路由设备，也不需要专业人员操作，从而具备快速部署能力，适应未来快节奏的作战需要。

未来WIN-T将广泛使用JTRS和机载通信网（ACN），以解决互通、带宽、速度、入口等问题，最终实现美军各军兵种部队对战场实时态势的全面感知。

3.4.2 综合战术网

当前，美国陆军战术互联网骨干网为WIN-T，将全球信息栅格（GIG）拓展至一线作战部队，为军级至连级指挥所提供国防信息系统网络（DISN）服务。WIN-T能够无缝传输不同类型数据，有效连通各类任务指挥系统，使美国陆军在非对称反恐战争中发挥了重要作用。但是，随着高新技术的发展和其他军事强国的崛起，美国陆军面临的主要威胁发生变化，WIN-T在装备采办和实战应用过程中暴露出装备操作复杂、通信手段不足、采办流程冗长等问题。

为促进陆军战术网络发展，保持对潜在对手的信息作战优势，美国陆军于2017年启动现代化建设计划，将网络现代化建设列为6个现代化优先项目之一，决定从统一网络、通用操作环境、互操作性和指挥所四个方面，实施陆军任务指挥网络现代化战略。综合战术网（ITN）是统一网络建设的重要组成部分，旨在为陆军部队提供操作简洁、部署灵活、具有弹性的网络解决方案，满足其急需的机动作战需求和远征作战需求。

1. ITN组成

美国陆军认为，ITN并不是一个全新的网络，而是一种新的概念，它将商用现货（COTS）装备和网络传输能力嵌入当前战术互联网中，通过新增通信手段、优化现有设备性能、改进采办流程，构建安全可靠、快速灵活的战术网络，能够在弱网络环境中为旅及旅以下部队提供更佳的任务指挥、态势感知和空地融合能力。

美国陆军ITN工作主要由网络跨职能团队（N-CFT）与战术指挥、控制、通信计划执行办公室（PEO C3T）共同推进。2021年至2028年，美国陆军将以每两年发布一次能力集的形式推动网络现代化工作，包括"能力集21"（CS21）、"能力集23"（CS23）、"能力集25"（CS25）和"能力集27"（CS27）四个组成部分，如图3-42所示。

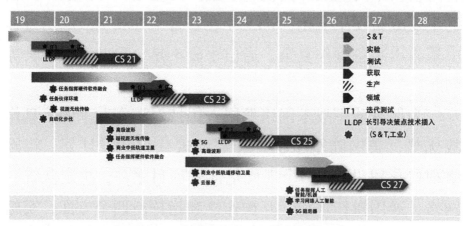

图3-42 美国陆军ITN能力集构建

CS21的主要任务目前已确定，并已逐步投入作战试验和部队使用，2020年第3季度确定最终方案。CS21聚焦于优化小型部队的网络，建设更适合远征、更加机动、不太复杂且受到更好保护的ITN，为步兵旅战斗队（IBCT）、安全部队援助旅（SFAB）和远征信号营-增强型（ESB~E）等"高优先级部队"提供网络解决方案。CS21的主要任务包括：将初级ITN部署到IBCT，其能力包括采用安全但非保密（SBU）的安全架构，提供广泛的互操作性，使用小孔径的卫星通信终端，降低SWaP，采用"系留"无人机构建初级的空中层通信系统，扩展网络覆盖范围；支持战术4G LTE和第二代铱星系统（Iridium NEXT）；为ESB-E提供支持军/师远征通信的更小、更轻的网络通信设备；升级现有卫星通信终端软件，增强卫星通信弹性。

CS23的能力需求已基本确定，2019年底已开始向工业部门征求方案白皮书，计划2020年开始测试CS23的候选系统，从2021年初开始进行设计审查和试验，并在2022年第2季度确定最终的网络方案。CS23将基于CS21试验的反馈来完善ITN，重点是提高网络传输容量和弹性，并将ITN扩展到中/重型作战部队。CS23的主要任务包括：将ITN持续部署到IBCT，并为"斯特赖克"旅战斗队（SBCT）/ABCT部署定制化的ITN；优化ITN能力以满足SBCT/ABCT的作战距离和装备节奏要求，包括采用高空/无人平台改进空中层通信以及实现战术网络与企业网络之间的统一网络运作；实现基于商用中低地球轨道（LEO/MEO）星座系统的"驻停"大容量通信；全面应用Mesh组网技术，提高Mesh组网抗干扰能力（定向天线组网或者AJ与LPD组合抗干扰），提供更大的网络吞吐量，并进一步减少装备的SWaP-C；研发可升级的C^5ISR/EW模块化开放标准套件，在兼顾SWaP和集成要求的同时，实现新技术跨C^5ISR域的快速插入。

美国陆军已开展CS25的早期研究，主要目标是实现网络自动化与受保护通信。目前规划的主要任务包括：将

ITN持续部署到IBCT/SBCT/ABCT；实现基于商用LEO/MEO星座系统的高容量"动中通"能力；研发新的网络化短波和窄带卫星通信波形，提高抗电子战攻击能力，扩大网络范围、系统规模和网络带宽；初步实现5G商用网络的集成；实现自动化网络运作与管理；采用基于威胁的网络加固措施增强网络对抗和电子战的弹性。

CS27的目标是获取多域作战优势，全面实现网络现代化。目前规划的主要任务包括：研发频谱效率更高的非传统波形，并具有更高的带宽和更强的抗电子战攻击能力；完成5G安全加固；集成人工智能和机器学习技术；增强网络信任机制以减少安全漏洞；实现自主网络，更快地发现和修复错误；利用网络赋能对敌方实施动能与电磁攻击。

2. ITN主要特点

1）通信网多路径冗余，网络弹性强、结构可定制

ITN以无线电台、中低轨道卫星、4G蜂窝移动通信、Wi-Fi以及空地数据链等多种通信手段为基础，组成"天空地"多位一体的通信网络，能够在频谱拥塞、对抗激烈的环境中，为作战人员提供更强的网络弹性。借助中低轨道卫星，能够减少网络传输时延、提高网络容量，还能够为装甲部队提供移动中通信能力，赋予指挥人员多种通信选项。ITN网络具备模块化特点，可以根据任务特点对网络进行定制，以满足不同作战场景对网络结构和通信手段的独特需求。ITN能够根据战场环境和任务需求，从多种

传输路径中选择最佳传输方案，使士兵、车辆、飞机和指挥所之间实现互联互通，实时共享态势信息。例如，在基础设施条件允许时，作战人员会优先使用本地4G、LTE商用蜂窝网络，提高信息传输的稳定性和信道带宽。Viasat公司研制的混合自适应网络体系结构允许卫星用户在政府网络和商业网络之间实现无缝切换，确保通信链路的畅通。

2）机密与"安全但非密"（SBU）架构互补，作战灵活性高、互操作性强

美国陆军传统的战术互联网采用单一的安全架构，对机密和非密信息统一加密，导致网络设备操作复杂、运维成本高。ITN在原有机密网络架构基础上，增设SBU网络架构，且所占比例高达75%，主要用于传输营及营以下交换频次高、时效性强的非密战术边缘信息。SBU网络架构使作战人员可以接入4G和LTE商用蜂窝网、高级波形和卫星通信网，既能扩大网络的覆盖范围，增强战术网络的灵活性，又能有效避免战场信息过度加密行为，减轻开设机密级信息传输所需设备的负担，提升士兵战场生存能力。SBU网络架构采用美国国家商用安全算法进行加密保护，免去机密级信息传输所需的安全许可检查操作，增强陆军部队与联合部队、多国部队之间的互操作性和可访问性，提升信息共享能力。

3）态势感知技术先进，信息分发及时、共享能力强

陆军网络现代化工作注重提高部队态势感知能力。通过ITN终端用户设备，士兵能够共享通用作战图，准确地

定位本人及友军的位置，预知作战行动轨迹，进而精确设定火力打击目标。借助双信道无线电台及商业网络，分队能够共享和接收来自战场上单兵和武器平台的文本、语音和图像信息，回传到上级指挥所，使指挥人员能够及时跟踪战场态势变化情况，快速做出决策部署。ITN网络新增的综合IVAS能够为士兵提供类似护目镜的自然视野，协助指挥人员快速制定作战地图、共享作战信息。该系统可汇总各作战单位的数据，如敌人数量、装备部署、天气情况等，实现多兵种、多小队间的协同作战，使步兵班真正做到"先敌发现、先敌决策、先敌打击"。

美国陆军的目标是到2028年实现全面网络现代化，开展多域作战。这就是为什么美国陆军已经计划在2021年、2023年、2025年和2027年进行连续网络升级。但美国陆军已经明确表示，这并不是终点，网络现代化升级没有止境。即使是即将到来的CS21，美国陆军仍在研究将采用何种技术，后续两年一次的升级也都处于不断变化中，美国陆军特意留出空间添加最新技术。事实上，即使是已经部署到专用通信单元的升级，如"增强型远征信号营"（ESB-E）能力包，也是可以改变的。

3.4.3 补充通信系统

1.单信道地面与机载通信系统

单信道地面与机载通信系统（SINCGARS）是一种甚高频/调频系列无线电台，型号有背负式、车载式和机载式，采用了微处理机、扩频、跳频、反电子干扰和模块化结构等先进技术，能够以16千字节/秒的速度发送加密的语音、模拟或数字数据，主要为美军旅、营及其低层次单位作战提供视距通信服务，十分适于执行战役战术任务的坦克、步战车、直升机、火炮，或者排、班、组等小部队使用，是美军战场指挥员在前沿20千米的范围内指挥部队和空中支援的主要手段，仅陆军使用的数量就超过了25万部。

SINCGARS先进系统改进计划（ASIP）是适用于排以上语音通信的美国国防部/陆军多业务解决方案，频率范围为30.000~87.975兆赫兹。该电台通过使用SINCGARS波形建立双向通信（抗干扰），提供支持地面、空对地、地对空视距通信链路的多模式语音和数控通信。SINCGARS改机计划电台是单信道地面与通信系统电台新版本，其体积较小且质量显著减少，但仍具有向后兼容的所有功能。

增强型包括嵌入式全球定位系统接收机，具备基于无线电的战斗识别/基于无线电的态势感知能力，可向作战人员提供增强的态势感知能力和在目标区识别友军的能力。基于无线电的战斗识别填补了战斗识别能力的空白，提供了询问/响应能力，在武器射击之前满足空对敌平台的主动识别，防止误伤。基于无线电的态势感知能力为每个装备单信道地面和机载通信系统改进计划电台的平台增加了无线电导航能力以增强蓝军态势感知视图。密码现代化计划是适用于SINCGARS的可编程通信保密能力，它可使通信系统连续提供秘密级至绝密级保密通信能力。

2.联合战术无线电系统

目前，美军正在逐步对现役通信系统进行数字化项目改造，以适应未来数字化战场的需要，联合战术无线电系统（JTRS）就是其中的一个重要项目。它是美军唯一一种可适用于所有军兵种要求的通用新型系列（数字）战术电台，其作用主要是逐步取代美军各军兵种现役的20多个系列约125种型号的75万部电台。

美国陆军营以下主要利用JTRS系列电台和软件通信波形构建分级战术电台子网（营连电台子网主要采用宽带组网波形WNW、连以下电台子网主要采用士兵电台波形SRW），也可利用传统EPLRS电台构建营连电台子网，利用SINCGARS电台构建连以下电台子网。

JTRS工作频率范围（2兆赫兹~3吉赫兹）极宽，基本覆盖了高频/甚高频/特高频波段，型号有手持式、背负式、车载式、机载式、舰载式和固定式等，其主要特点为多频段多模式多信道、可网络互联，这使JTRS各种型号的电台在复杂的战场环境下不仅能做到相互之间兼容互通，而且可通过其跨频段跨时空的横向和纵向网络为分布在广阔战区内不同地域的美国陆、海、空和海军陆战队提供远程超视距且安全可靠的语音、数据、图像和视频通信，因而JTRS未来有望成为美军在数字化战场中的主要通信手段。

JTRS采用软件定义无线电（SDR）、可编程射频前端、

DSP、软件接口和复用、可编程信息安全（INFOSEC）、移动自组网、抗电磁干扰、频谱管理等技术。它支持多种传统加密算法及高数据率算法，拥有动态修改功能、频带交叉和IP路由能力，支持即插即用，提高了网络通信水平和互操作性，并有较强扩展能力，保证美军作战的信息优势。

JTRS是美国防部实施全球信息栅格计划的核心项目之一，旨在将各个军种单独发展无线电台的方案集成为一个可编程、模块化、多种工作模式和多波段的无线电台。JTRS覆盖了机载、地面移动、固定站、海上通信和个人通信五大领域，包括数十个型号种类及波形。JTRS具备垂直/水平联通GIG网络能力，提供了抗饱和网络能力，可以提供战术级骨干服务，具备良好的互操作性和强大的波形能力。

JTRS典型装备包括AN/PRC-154步兵电台、AN/PRC-155背负式电台等。其中，AN/PRC-154步兵电台是一种单信道电台，该电台运行士兵无线电波形，能够处理受控但非密的信息，工作频段为UHF频段225~450兆赫兹，L频段1250~1390兆赫兹及1750~1850兆赫兹，最大发射功率为5瓦，通信距离可达2千米，能够提供小组内的语音通信及自动位置定位信息信标服务，并为士兵提供横向、纵向的网络连接，以实现信息主导优势。AN/PRC-155背负式电台是一种双信道电台，可为最低层级提供更好的性能和通信距离，它既可以使用徒步配置，也可搭载在车辆上，工作频率范围是2~2.5吉赫兹，最大输出功率为20瓦，能够加载移动用户目标系统、SINCGARS、EPLRS等波形，可进行VHF、卫星和短波通信。

3.通用数据链系统

战术数据链以面向比特的方式实时传输格式化数字信息，保证信息高效、实时、可靠地传递到通信目的对象，实现战场信息的互联互通。美军数据链主要包括情报侦察数据链、指挥控制数据链和武器协同数据链三大类，尽管在美军数据链发展体系中没有武器协同数据链的概念，但中国把美军的传感器协同网络、时敏数据链网络、武器控制网络等统称为武器协同数据链。美军数据链系统型谱如图3-43所示。

情报侦察数据链主要包括通用数据链（CDL）、星载数据链以及其他数据链等，其中，最主要的是CDL。CDL是一个全双工、抗干扰、网络化信息系统，工作在X或Ku波段，主要用于实现岸海空天ISR平台上图像情报、测量与特征情报、信号情报及其他传感器数据实时交换，同时实现对空中平台（如"全球鹰""捕食者"）实时控制，缩短了侦察到打击作战链路的时间，提升了目标快速定位、识别以及效果评估等方面的能力。CDL可提供"标准"前向链路和返向链路业务：前向链路数据传输速率为200千字节/秒，返向链路数据传输速率为10.7兆字节/秒、137兆字节/秒、274兆字节/秒。

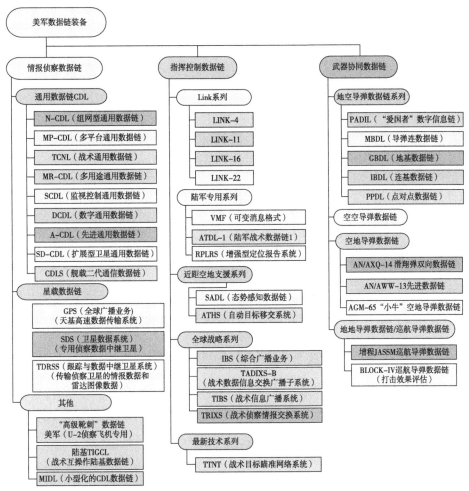

图 3-43 美军数据链系统型谱

指挥控制数据链主要包括Link系列、陆军专用系列、近距空地支援系列、全球战略系列以及最新技术系列等，其中以Link系列为主，包括Link-4、Link-16和Link-22等。Link-4A（北约称Link-4A，美国称TADIL-C）是非保密时分数字数据链路，使用串行传输和标准报文格式，数据率为5000b/s，工作在特高频（UHF）波段。Link-4A主要功能包括空中截击控制、空中交通管制和自动控制舰载机着舰等。Link-22，又称TADIL-F，是经中继系统进行超视距通信的保密、抗干扰数据链，可在陆地、水面、水下、空中或空间各种平台间交换目标航迹信息，实时传递指挥控制命令与警报信息。Link-16也称TADIL-J，是保密、大容量、抗干扰、无节点的数据链路，工作频段为特高频，它把数据链的应用范围从海军单一军种扩展为陆海空三军通用，而且可与Link-4A或Link-11互操作。该数据链可以用来链接海军的舰艇、舰载机和空军的预警机、战斗机、轰炸机以及陆军的防御系统等，支持监视数据、电子战数据、战斗任务、武器分配和控制数据的交换，现已成为美军用于指挥、控制和情报的主要战术数据链。

由于军事行动越来越依赖联网的传感器和射手之间的无缝协作，因此为了应对当前和未来的挑战，对关键信息的共享需求也越来越高。Link-16战术数据链等弹性波形将成为美国国防部实施网络化战争的关键因素，如图3-44所示。

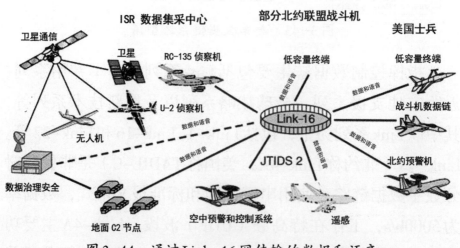

图3-44　通过Link-16网传输的数据和语音

武器协同数据链主要包括AN/AWW-13先进数据链、AN/AXQ-14滑翔弹双向数据链等。AN/AWW-13先进数据链是用于飞行员和武器系统的直接通信联络，具有指挥、控制和通信功能。工作频率为1427~1435兆赫兹。AN/AXQ-14滑翔弹双向数据链是用于武器控制的双向数据链，该数据链可以通过保密的卫星上行链路，发送和接收往返于控制中心的近实时图像。

4.陆军数据分发系统

陆军数据分发系统（ADDS）是一种能为战术指挥人员及其参谋人员提供自动、安全、近实时的具有数据分发能力的战术数据链终端设备无线通信系统。数据分发是在该系统的计算机与战场定位、战场位置与对支援战术行动的作战分队的导航报告之间进行。全面的系统配置计划将为21世纪部队建立起从排到旅的陆军通信数据框架。

ADDS主要包括两个部件：增强型定位报告系统（EPLRS）和即时数字无线电系统（NTDRS）。增强型定位报告系统主要用于支持战场作战地域基本结构网和旅及旅以下级部队战斗指挥系统（$FBCB^2$），为旅及旅以下级部队的参战官兵以近实时的方式提供数据分发和定位/导航服务。它由以下部分组成：网络控制台（NCS）、用户终端（EPUUS）（能够被制成单兵便携式设备）、地面车载设备（SVU）和空中机载设备（AVU）。该系统使用时分多址（TDMA）通信技术，以避免传输过程中信道拥挤，使用交互技术和宽频谱技术实现跳频、查错纠错功能，使系统能够抵抗信息堵塞。即时数字无线电系统圆满地解决了战术局域网内关键节点之间对大容量数据网络的即时传输需求。

美军采用JTRS将各个军种单独发展无线电台的方案集成为一个可编程、模块化、多种工作模式和多波段的无线电台。JTRS覆盖了机载、地面移动、固定站、海上通信和个人通信五大领域，包括数十个型号种类及波形，具备垂直/水平联通网络的能力，具备良好的互操作性。代表性波形包括高频段组网波形（HNW）、宽带组网波形（WNW）、自适应宽带组网波形（ANW^2）、士兵无线电波形（SRW）、受保护的战术波形（PTW）等。

5.战斗网无线电台

美国陆军正对SINCGARS无线电台及其相关波形进行现代化改造，以支持国家安全局和国防部的加密现代化目标。SINCGARS无线电台将被升级后的战斗网无线电台（CNR）所取代，后者是用于火力和防空管制的单通道地面和机载无线电系统。新的SINCGAR波形将包括跳频功能，可用于车载无线电台和背负式无线电台，以在竞争激烈的环境中安全地传输数据。一旦获得国家安全局和陆军的正式批准，供货商即可通过联合战术网络中心（JTNC）国防部信息库（IR）将新的SINCGARS波形加入其无线电设备中。

CNR实现对陆军绝大部分单信道地面和机载无线电系统的替代，提升该系统的加密能力和弹性波形通信能力；基于AN/PRC-148多频段组间/组内无线（IMBITR）电台，可使陆军增加新波形以满足不断增长的需求。AN/PRC-148电台具备灵活、软件自定义和安全的特点，可使美国陆军无缝替代传统的R/T1523系列电台，并与现有的SINCGARS波形兼容，可使陆军增加新波形以满足不断增长的需求。

泰雷兹公司的CNR可为美国陆军的统一网络提供关键组成部分，能够为未来战场战术前线提供鲁棒和安全的通信能力。AN/PRC-148电台是第一个通过软件通信体系结构（SCA）兼容性认证的JTRS无线电台，也是目前美军唯一已经成功完成联合互操作测试命令试验的JTRS无线电台（图3-45）。

图3-45　AN/PRC-148型CNR

AN/PRC-148手持机重约860克，发射功率0.1~5瓦（可选），频率30~512千赫，信道间隔5千赫和6.25千赫，有256个可编程信道，10种扫描方案（每种方案包含16个信道），可传送语音和数据，还可进行卫星通信。为便于战场单兵隐蔽接敌,电台设有耳语通话模式,能通过其他电台以无线方式更换密钥或以电子方式远程注入密钥。电台的配件包括可装电台、备用电池、高频段和低频段天线、音频适配器、太阳能充电器、交直流电池充电器、专用电源适配器和20瓦车载适配器,以及固定基站和为扩大通信距离的自主式战术转发器。

AN/PRC-148的车载型号是AN/VRC-111。每套车载系统包括2部AN/PRC-148电台和2套车载适配器。其中车载适配器可在30~512兆赫兹频段内提供20瓦的射频输出,能够通过按钮在不到2秒内卸载。

为让参战人员随时了解自己所处的位置,每部AN/PRC-148电台都可与设计小巧的轻型精确GPS接收机对接。这种显示装置只要几个按钮就可控制,通过显示屏菜单读取信息,便于单兵携带,操作简便。由于每部AN/PRC-148都有唯一的身份识别号,识别号又可与GPS位置数据一并以加密方式发送到战场指挥控制系统或另一部ANlPRC-148,因此指挥人员可将AN/PRC-148用户位置信息输入数据库,以对其进行运动路线和身份识别跟踪。

3.4.4 系统分析

美国陆军运用全球网络企业化架构(GNEC)策略,以商业创新的方式,从全球性互联的角度出发,进行"陆战网"的设计、部署和管理,将"陆战网"从由多个松散的独立网络组成的实体,转型为一种真正的全球能力,实现对美国陆军所有通信与信息搜集、存储、管理、分析和分发系统的全球性汇集。同时，从联合作战思想出发，综合运用天基、机载或地面有线与无线信道，建设移动高速高容量骨干通信网络，把通过网关实现分散通信设备连接的战术互联网，转变为统一、安全的战术级WIN-T，全面推动从高层级司令部到较低层级战术指挥所，直至连、排平台与单兵级C^4ISR的系统组网，彻底解决因军种、兵种和部队层级关系所产生的信息"烟囱"问题。最后，通过运用智能手机和移动互联技术，实现作战人员对信息网络的随时随地接入。美国陆军开展的士兵与数字化软件连接（CSDA）项目由网关和多个基站构成，可将智能手机与战术无线电网络和任务指挥系统融为一体，士兵无论身处何处，都可利用包括数字助理、平板电脑等手持移动设备，辅助进行计划制订、作战、教育和训练活动，无缝融入作战环境，随时随地获取信息，辅助实施定位与识别报告、火力呼唤、救护申请和其他态势感知与任务指挥。

WIN-T网络结构在实际作战中，固定式、烟囱式和不同通信组件之间通信存在一定限制；同时对连级部队的通信支撑能力不足。ITN与美国陆军的网络现代化战略相一致，通过将商用技术与现有网络系统结合起来，增加网络弹性，保障士兵在严峻信号环境下的通信能力。相比WIN-T，ITN能提供更好的任务指挥、态势感知和空地一体化能力，可弥补WIN-T系统末端连接能力的不足，也能根据部队作战环境或指挥人员的目标进行定制。美国陆军希望通过ITN为战术边缘提供带宽更高、鲁棒性更好、敏捷可靠的网络，目前大部分指挥与控制架构都为未来的ITN提供了概念和技术方向，但仍存在一些限制因素，主要涉及系统间的完全互操作性问题。

3.5 部队编配

3.5.1 装甲旅战斗队

美国陆军的基本作战单位为旅战斗队，分为装甲旅战斗队（ABCT）、"斯特赖克"旅战斗队（SBCT）和步兵旅战斗队（IBCT）三种，分别属于重型、中型和轻型旅战斗队，均实施"模块化"编制，可独立遂行作战任务。以装甲旅战斗队为例，装甲旅战斗队本级指挥所由旅部及旅部连、旅工兵营、3个合成营、侦察营（骑兵中队）、野战炮兵营、旅支援营等组成，共编制4679人，其编制结构如图3-46所示。

装甲旅战斗队旅部及旅部连预期编制156人（军官37人、准尉13人、士兵106人），战时编为指挥组、基本指挥所（当前行动单元、情报单元、计划单元、火力支援/防护单元、运动与机动单元、保障单元、C^4作战单元）、战术指挥所和旅部连，作战编成如图3-47所示，指挥所装备编配情况如表3-2所示。其中指挥组由指挥人员和选定参谋人员组成，参谋人员跟随指挥人员行动，确保其在远

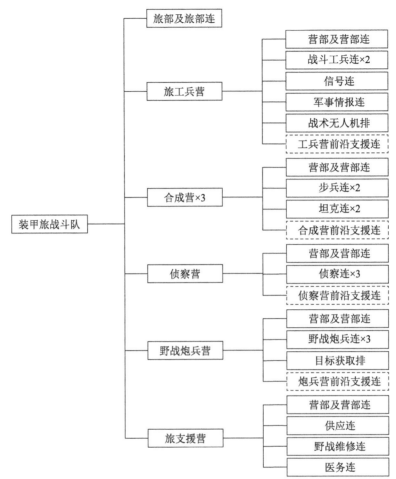

图 3-46 装甲旅战斗队编制结构

注：各前沿支援连由旅支援营派出。

离指挥所时能实施指挥与控制，该组还负责指挥人员的安全，并提供其他个人方面的帮助；基本指挥所是旅战斗队的重要指挥场所，拥有所有参谋部门代表和制定作战计划、进行作战准备、执行作战计划、作战评估所需要的全套信息系统，完成大部分计划、分析和协调工作，旅执行官负责领导和管理旅基本指挥所，其规模和参谋人员数量比战术指挥所更大，但机动能力更弱；战术指挥所由经过缩编的司令部机构组成,用于控制有限时间内部分作战行动,诸如渡河等具体作战行动和作战任务实施过程控制,由作战参谋军官领导,依靠基本指挥所拟制计划、进行详细分析和实施协同;旅部连负责旅部的后勤补给工作。

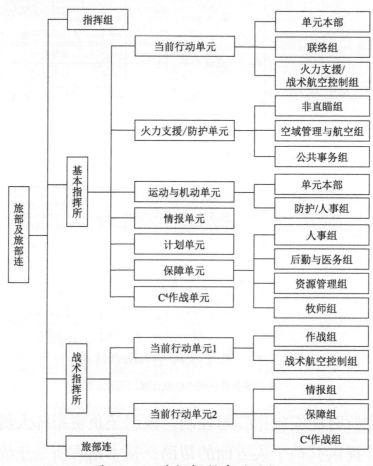

图 3-47　旅指挥所战时编组

表3-2 美装甲旅指挥所装备编配情况　　　　　单位：台

序号	车辆名称	数量	备注
1	M2A3"布雷德利"步兵战车	1	—
2	M1068A3/M577A1履带式装甲指挥车	3	配备各型拖车
3	M1152A1增强型悍马车	15	配备各型拖车
4	M1165A1增强型悍马车	12	配备各型拖车
5	M1078轻中型战术运输车	6	配备各型拖车
6	M1085中型战术运输车	1	安装了AN/TSC-188（V）1网络管理系统
7	M1097A2重型方舱式悍马车	4	配备各型拖车
8	M113A3增强型运兵车	2	配备各型拖车

3.5.2 合成营

装甲旅战斗队编制3个合成营共1791人，其中每个合成营编制597人（军官44人、士兵553人），由营部及营部连、2个步兵连（14辆M2A3"布雷德利"步兵战车）、2个装甲连（14辆M1A2"艾布拉姆斯"主战坦克）组成。

合成营营部及营部连共编制203人（军官23人、士兵180人），由指挥组、当前行动单元、保障单元和营部连组成，编组如图3-48所示。合成营营部装备情况如表3-3所示。

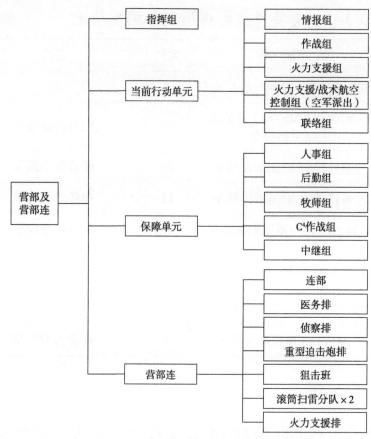

图3-48 合成营营部及营部连战时编组

表3-3 美装甲旅合成营指挥所装备编配情况　　单位：台

序号	车辆名称	数量	备注
1	M113A3 增强型运兵车（RISE）	2	配备各型拖车
2	M1068A3/M577A1 履带式装甲指挥车	7	配备各型拖车
3	M1152A1 增强型悍马车	5	配备各型拖车
4	M1165A1 增强型悍马车	5	配备各型拖车
5	M1078 轻中型战术运输车	3	配备各型拖车
6	M1A2"艾布拉姆斯"主战坦克	1	—
7	M2A3"布雷德利"步兵战车	1	配备各型拖车

第4章 美国陆军战术级指挥信息系统运用

美国陆军战术级指挥信息系统作为陆军部队遂行任务的直接支撑，一直是美国陆军建设发展的重点，经过近30年的建设与发展，美军在伊拉克、阿富汗、叙利亚等军事行动中表明作战运用对陆军作战环境、系统部署、组织运用提出了更多的现实需求。例如，作战基地需要多个子系统完成作战任务的分析与执行，情报融合、态势感知、授时信息需要基于GPS的部队跟踪系统提供，未来指挥所（CPOF）、战术情报地面报告系统（TIGR）以及其他子系统需要多个网络传输系统相连接，这些系统的加入弥补了美国陆军指挥信息系统的缺陷，将作战运用延伸至单兵，有力支撑了陆军部队控制作战行动和执行作战任务。

为具体直观地研究美国陆军战术指挥信息系统，下面从系统部署和系统组织运用两个角度分别进行分析阐述。其中，美国陆军战术级指挥信息系统部署又分为两部分，一部分是战术级指挥系统部署，另一部分是战术级通信系统部署。

4.1　指挥系统部署

美国陆军战术级指挥系统，通常部署于战术指挥所，主要由经过缩编的司令部的设备部署完成，并伴随相应的作战任务单元。

4.1.1　战术指挥所

战术指挥所是美国陆军在作战中通常设置的一种指挥所，用于控制有限时间内的部分作战行动。通常将战术指挥所作为基本指挥所的加强力量使用，其主要职责是代替基本指挥所对前方近距离的作战部队进行指挥，加强对具体作战行动和作战任务实施过程的控制。

当部队之间有分界线需要直接指挥时，指挥人员使用战术指挥所对这些部队实施指导。这种情况可能会发生在部队轮换接替时。在指挥和控制部队遂行诸如接收和协同行动等这样的复杂任务时，需要开设战术指挥所。

战术指挥所全部可以机动。通常，战术指挥所仅编配其担负的任务所必需的人员和装备。它依靠基本指挥所拟制计划、进行分析和协同作战。战术指挥所由副指挥人员或作战参谋军官领导。

当战术指挥所空闲时，其所属人员转为加强基本指挥所。标准的作战程序明确了行动的具体细节，包括快速从基本指挥所抽调人员组建战术指挥所。

美国陆军通常在师、旅设战术指挥所,从属于基本指挥所;在营一级设立战术作战中心,兼具基本指挥所功能。

1.人员组成

战术指挥所由情报、作训、火力支援、战术空军控制、防空炮兵及战斗勤务支援等部门的参谋人员组成,由一位作战助理参谋长实行领导与指挥。当战术指挥所空闲时,所属人员转为加强基本指挥所。

2.设立位置

战术指挥所通常设立在战场的前方、靠近战斗地点的位置,以使指挥人员接近部队,并与下属指挥人员当面联系,从而实现靠前指挥。

3.主要任务

战术指挥所主要任务除了指挥和控制当前行动外,还包括:提供指挥人员急需的战斗情报;控制机动部队;控制和协调可立即调用的火力支援;协调空域及前方地域内防空炮兵的作战行动;将战斗勤务支援的需求通知基本指挥所;评估作战进程,包括上级和友邻部队的作战进程;执行短期作战计划;为未来作战计划提供信息保障;为指挥人员指挥控制作战、组织训练演习提供设备保障。

4.基本构成

指挥所的物理结构为指挥所设立提供了部署空间和基础设备的基本构成。美国陆军旅战术指挥所结构如图4-1所示。

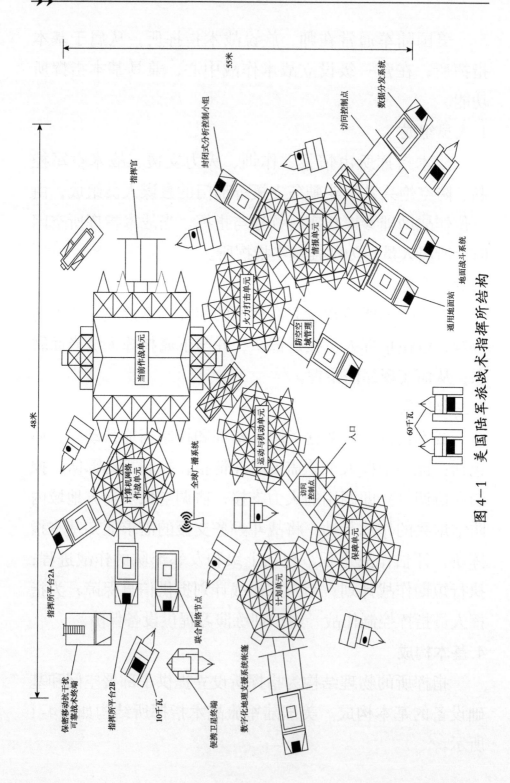

图 4-1 美国陆军旅战术指挥所结构

战术指挥所系统的物理布置是由陆军战术拖车车载保障系统、指挥所车辆、人员、信息系统及其配套的相关部件、单元组成。根据部队的作战任务，战术指挥所可以依托现存的建筑物或掩体构建。战术拖车车载保障系统包括帐篷、环境控制单元、照明设备和供电设备等，能够在各种配置下快速部署，提供具有良好支撑、可环境控制、能抵御各种气候的帐篷（该帐篷主要配备给机动作战部队，便于在全球任何地方部署和荒芜环境中使用）。指挥所车辆提供一体化通信网络的信息处理能力，配备一体化指挥控制设备，为指挥人员提供指挥控制能力。

美国陆军的战术指挥所与基本指挥所体现的是一种从属关系。战术指挥所对前方近距离作战部队的火力、情报等需求进行综合，然后提交给基本指挥所，基本指挥所在本级部队范围内进行统一的衡量和协调，而后进行分配。战术指挥所要不断地同基本指挥所保持联系，提供前方近距离的战场态势，为其制定后续的行动计划提供参考。同时战术指挥所对前方近距离作战行动又具有临机决定权。

美军认为，战术指挥所一经建立，便成为旅和旅以上各级司令部的前沿梯队，必须同时具有强大的指挥控制能力和机动生存能力，这就对战术级指挥信息系统的体系结构和部署能力提出了较高要求。

战术指挥系统由高级野战炮兵战术数据系统、机动控制系统、未来指挥所系统、一体化车辆平台（指挥所平台、综合战术网络，防空反导工作站等）的各种设备组成，以便携式个人计算机为主。指挥所车辆平台将能力集成于可机动且具有生存力的方舱或者便于开设和撤收的拖车上，以提高指挥所的机动能力。许多方舱设计成能够方便接入指挥所，并且能够远离建筑物。信息系统保证每个人能够依据相同的作战指挥信息工作，同时需要参谋人员根据相同的可视化图表制定计划和执行任务。当前作战部门的大屏幕显示设备用于显示公用地图、重要作战行动、视频和与任务相关的其他系统视图。

在战术指挥所的部署或重置阶段，部队人员将接受各信息系统训练，并独立于指挥所的其他部件操作这些系统。为了第一时间将指挥所构建成一个体系，需要完成一些特定的任务，将所有的系统连接起来。在指挥所建设的阶段，部队应当计划完成表4-1中的任务。

表4-1　指挥所建设任务

序号	任务
1	布设保密网络协议路由数据网络、非保密网络协议路由数据网络
2	布设电源供应网络
3	建立指挥所通信系统线路
4	配置作战网络电台、天线
5	建立指挥所通信系统接口单元
6	搭设指挥所
7	席位配置
8	部署战术指挥系统
9	校验数据资源
10	检验网络配置和连通测试

根据通用编制与装备配备表，设置当前作战单元席位、计算机网络作战单元席位、火力打击单元席位、防空空域管理单元席位、情报单元席位、保障单元席位、机动单元席位和计划单元席位，如图4-2~图4-9所示。

当配置指挥所席位时，建议由当前作战信息参谋军官/军士跟踪系统的席位配置工作。每个席位的功能与指挥控制和情报处理能力相关。

4.1.2 战术指挥系统体系结构

当前美国陆军战术作战指挥系统体系，最顶层为陆军全球指挥控制系统（GCCS-A），其向下聚合陆军作战指挥系统和陆军作战任务系统，向外链接全球指挥控制系统（GCCS）和全球联合作战指挥控制系统（GCCS-J），并对空军全球指挥控制系统（GCCS-AF）、海军全球作战指挥控制系统（GCCS-M）、联合部队特种部队司令部指控系统提供接口。其中，陆军作战指挥系统集成于未来指挥所（CPOF），并由战术空域综合系统（TAIS）、防空反导工作站（AWDWS）、作战指挥持续支援系统（BCS^3）、全源情报分析系统（ASAS）、高级野战炮兵战术数据系统（AFATDS）和21世纪旅及旅以下部队作战指挥系统（FBCB^2/BFT）6项基本系统和战术互联网管理系统（ISYSCON）、数字地形支持系统（DTSS）、综合气象系统（IMETS）3项辅助系统构成；陆军作战任务系统由预言家系统（Prophet）、战术情报地面报告系统（TIGR）、联合网

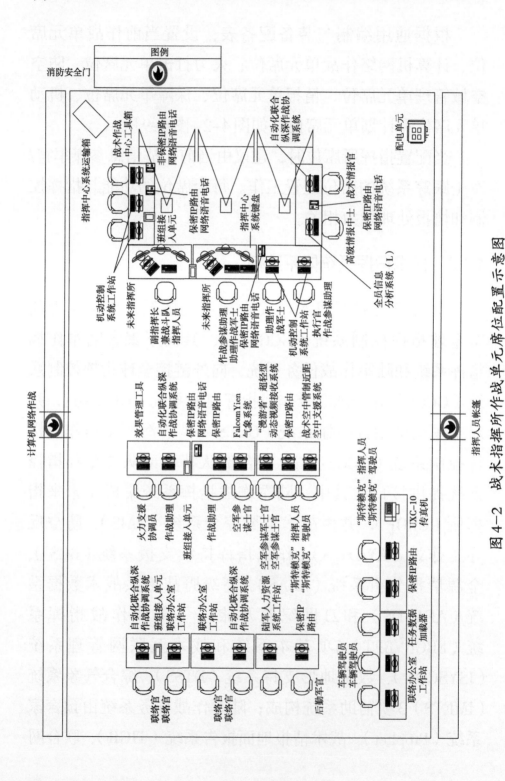

图 4-2 战术指挥所作战单元席位配置示意图

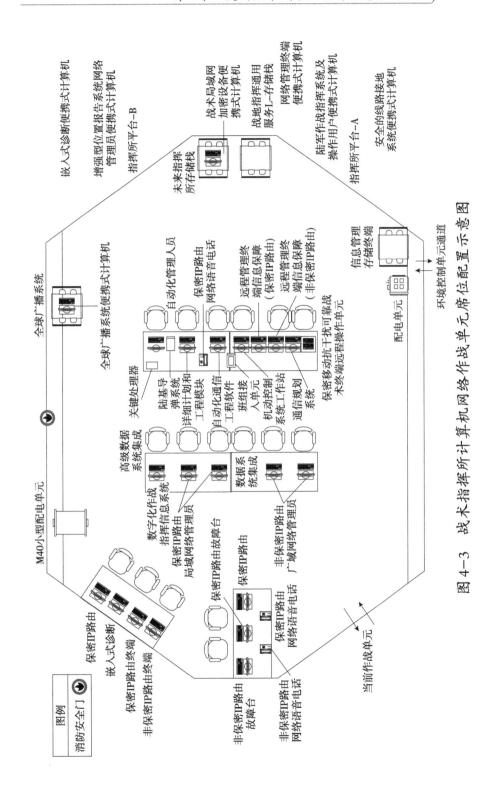

图4-3 战术指挥所计算机网络作战单元席位配置示意图

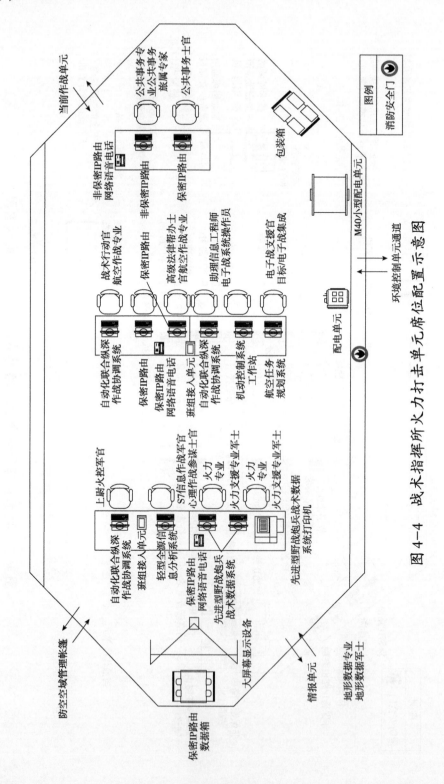

图 4-4 战术指挥所火力打击单元席位配置示意图

络管理系统（JNMS）、数字化步兵引导系统（DLS）、前方地域防空指挥控制系统（FAAD C^2）、陆军机载指挥与控制系统（A^2C^2S）、电子密钥管理系统（EKMS）、安卓战术攻击套件（ATAK）、奈特勇士九项系统组成。其完整体系结构示意图如图4-10所示。

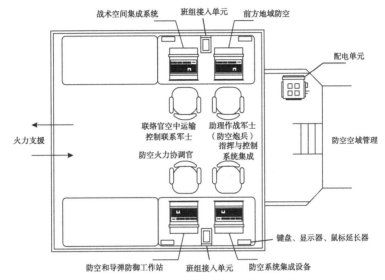

图4-5 战术指挥所防空空域管理单元席位配置示意图

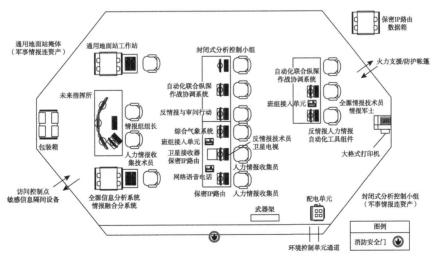

图4-6 战术指挥所情报单元席位配置示意图

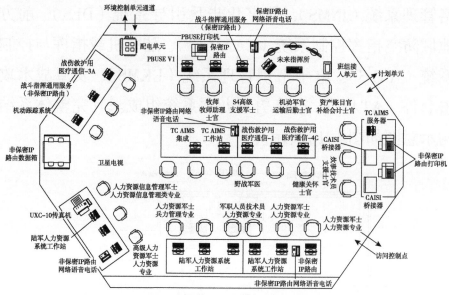

图4-7 战术指挥所保障单元席位配置示意图

注：CAISI—战斗勤务支援无线自动化信息系统接口装置；TC AIMS—运输协调员自动化机动信息系统；PBUSE—加强型单位供应资产目录。

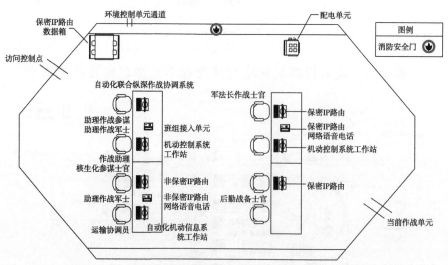

图4-8 战术指挥所机动单元席位配置示意图

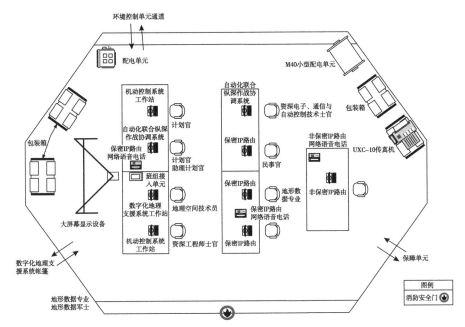

图 4-9　战术指挥所计划单元席位配置示意图

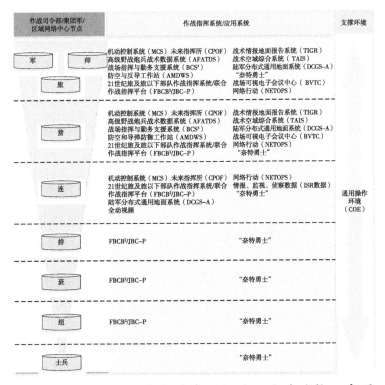

图 4-10　美国陆军战术作战指挥系统体系结构示意图

其中未来指挥所（CPOF），作为美国陆军的关键任务指挥系统，可在同一战术环境中，为不同级别指挥机构开展决策、编制任务计划、演练和指挥控制等方面的协作，提供计划和标绘式的联合指挥工具，以实现分布式、协作式的指挥控制。该系统还支持并行、同步、异步的跨功能领域的作战计划制订和执行，提供陆军作战指挥系统与国防部其他系统之间的双向互操作能力。

未来指挥所是通用型的指挥平台，采用CoMotion可视化软件技术，提供了统一的作战图、系列图表和强大的互操作能力。通过互联网协议话音（VoIP）和协作工具，使分布在不同地点的战术分队参谋人员和指挥人员在使用同一幅地图搜集信息的同时，完成计划和汇报工作，减轻了对固定指挥所的依赖程度，提高了运动状态下的作战指挥效能。战术指挥部的参谋人员则可通过该系统在统一的战术环境中浏览各种不同格式的二维、三维或图表信息，在共同战术区域内以实时方式协作制订作战计划。某些ABCS子系统的信息可自动输入未来指挥所，提供编制计划所需要的数据和作战图，如上述结构示意图所示，这些子系统包括21世纪旅及旅以下部队作战指挥系统/蓝军跟踪系统（$FBCB^2$/BFT）、战术空域综合系统（TAIS）、防空反导工作站（AWDWS）、作战指挥持续支援系统（BCS^3）、全源情报分析系统（ASAS）、高级野战炮兵战术数据系统（AFATDS）等，数据可每5秒刷新一次。

未来指挥所现已作为美国陆军作战指挥系统的子系统

大量配发陆军使用，正成为美国陆军作战指挥系统体系结构实现互操作的核心工具。

4.1.3 战术指挥系统部署流程

战术指挥系统部署流程将基于战术指挥所开设流程，并遵循美军各级战术指挥所开设标准，在增强其战术分队作战能力的同时，确保战术指挥控制（C^2）的连续性。

美国陆军通用任务列表指出：①指挥控制包括作战任务、作战功能和作战保障，这些任务、功能和保障被指挥人员在实施作战过程中对所属部队下达作战命令后逐步完成；②指挥控制系统包括两个部分：一是指挥人员，二是指挥控制系统［指挥人员实施作战（计划、准备、实施、评估）所必需的人员、信息、程序、装备（设备）的组合］；③作战功能包括信息获取、态势感知、可视化、风险评估、指挥部队；④作战保障包括保障指挥人员分派、协调、决策作战功能以实现作战目标；⑤指挥控制系统保障指挥人员根据实际情况调整未来作战计划，时刻关注友军和敌军情况，并及时建议友军调整作战计划以实现共同目标。

陆军通用任务列表规定了"指挥所开设行动"的相关要求：①开设并实施指挥所行动以保障作战任务，主要是指组织、构建、部署、操作各级指挥所所需装备（设备）；②指挥所之间的接替，主要是指接替准备、新场地的勘察、评估和选定、构建新指挥所、指挥控制功能的转移等。

战术指挥所由两个作战单元组成：一是在完成指挥所占领后，立即搭建部分战术通信系统（主要是语音通信系统），当前搭建2号作战单元，进行战斗跟踪；二是将战术空域综合系统（TAIS）、防空反导工作站（AWDWS）、战场指挥与勤务支援系统（BCS^3）、全源情报分析系统（ASAS）、高级野战炮兵战术数据系统（AFATDS）和21世纪旅及旅以下部队作战指挥系统（$FBCB^2$/BFT）等信息系统部署完毕后，搭建1号作战单元，部署所有指挥控制系统以实施指挥所行动，并完善2号作战单元。

根据陆军通用任务列表和"指挥所开设行动"的相关要求，推导得出其战术指挥系统部署流程从占领指挥所开设地域开始，经历标准化操作环境构建、系统部署、系统开通、系统测试共5个环节，开展相应指挥所行动以满足作战需求。战术指挥系统部署流程如图4-11所示。

1. 占领指挥所开设地域

在进行战术或行政活动后遂行相关行动，以准备和实施指挥所行动。由于战术指挥所需要靠近下级战术部队并对战斗施加直接影响，因此其开设地域一般靠近战斗前沿，并需满足快速转移条件。

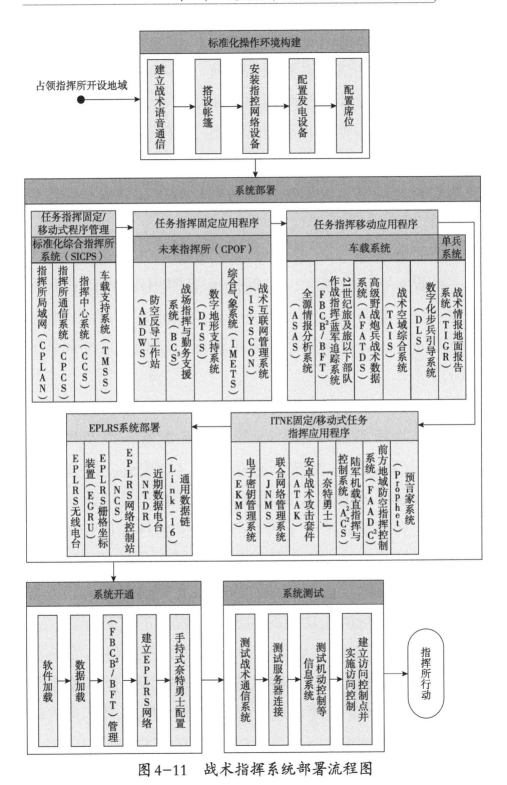

图 4-11 战术指挥系统部署流程图

2.标准化操作环境构建

其包括建立战术语音通信系统，即在指挥车上建立对上、对下和对友邻的视距和超视距战术语音通信；初步搭建作战帐篷（后期将重新升级搭建）；构建2号作战单元，完成战术通信网络设备的安装和连接；建立数据链，配置发电设备并供电；规划配置各功能系统及参谋人员席位五个阶段。

3.系统部署

搭设1号作战单元，包括任务指挥固定/移动式程序管理、任务指挥固定应用程序、任务指挥移动应用程序、ITNE固定/移动式任务指挥应用程序、EPLRS系统部署五个阶段。

任务指挥固定/移动式程序管理阶段，主要完成标准化综合指挥所系统（SICPS）的安装和配置，以及指挥所局域网（CPLAN）、指挥所通信系统（CPCS）、指挥中心系统（CCS）、车载支持系统（TMSS）的安装搭建，并对后续固定和移动式平台上所运行的任务指挥应用程序进行合理规划，以支持指挥人员任务。

任务指挥固定应用程序阶段，主要完成那些为任务指挥系统提供支持协作功能的固定应用程序的安装配置，包括防空反导工作站（AMDWS）、作战指挥维持与支持系统（BCS^3）、数字地形支持系统（DTSS）、综合气象系统（IMETS）、战术互联网管理系统（ISYSCON），并利用有限共享数据提供对未来指挥所（CPOF）的客户端接口。

任务指挥移动应用程序阶段，主要完成任务指挥移动应用程序的安装，包括地面报告系统（TIGR）等。任务指挥移动应用程序也为任务指挥系统提供服务，但主要集中在车载和便携式移动设备上，以便将指挥控制和态势感知延伸到战术前沿。

ITNE固定/移动式任务指挥应用程序阶段，主要基于相应指挥所任务，对通用辅助功能模块和相应任务系统进行安装配置，包括电子密钥管理系统（EKMS）等。

EPLRS系统部署阶段，主要完成对增强型定位系统EPLRS的安装，包括通用数据链（Link-16）的搭建等。EPLRS是美国陆军数字化战场的数据网络系统，提供数据通信、位置报告和导航功能，能够同时将炮火请求和任务支持数据分发到多个目的地。

4. 系统开通

系统开通包括软件加载、数据加载、$FBCB^2$/BFT管理、建立EPLRS网络、手持式奈特勇士配置五个阶段。开通后战术指挥所可以实施战术控制。与此同时，完整搭设2号作战单元，并配备全部的战术指挥所人员。

5. 系统测试

系统测试包括测试战术通信系统、测试服务器连接、测试机动控制等信息系统、建立访问控制点并实施访问控制四个阶段。战术指挥所实现全部运转功能，战术级指挥系统实现全部作战效能。

4.2 通信系统部署

美国陆军战术级通信系统以作战人员战术信息网为核心，整合战术互联网、战斗无线电网等网络发展综合战术网；根据作战环境，综合应用天、空、地基等多维资源，形成满足作战需求的强大的、可靠的、冗余的通信网络系统，具备快速驻停通信能力。

目前，美国陆军已经具备了可以解决战场上固定式、烟囱式和不同通信组件之间通信限制的技术。在综合战术网的框架下，通信能力能够更有效地集成，形成一个有弹性、具备通信冗余、态势感知和"安全但非密"等能力的作战网络。这可以使联合作战中的人员、装备和指挥控制中心能够实时、无缝地共享关键作战信息，并增强与联盟伙伴的信息共享能力。

多年来，美国陆军已经开展了许多工作来构建作为综合战术网基础的各级作战指挥系统。如联合作战指挥平台（JBC-P）、作战人员战术信息网（WIN-T）、未来指挥所（CPOF）以及战术情报地面报告系统（TIGR）等。综合战术网将以使用卫星和陆地通信技术的战术级作战人员信息网为基础，利用不同位置的不同通信通道和不同规模的服务器栈来应对失去通信能力的情况，并在这种情况下仍保持对数据的控制能力，注重保持各系统间的互操作性、同步性、安全性、机动性和生存能力。

美国陆军战术级通信系统部署如图4-12所示。

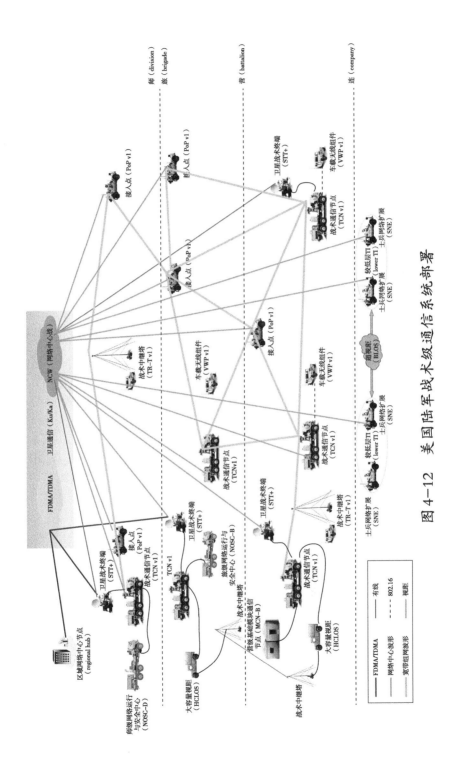

图4-12 美国陆军战术级通信系统部署

战术级通信系统部署是美国陆军军事决策和任务指挥过程中的一个子集，也是行动发展和命令生成过程中的一部分。将不同系统集成到一个部署方案中并确保系统功能，这是一个多步骤的部署过程，整个操作需具备准确性、灵活性和伸缩性。如果规划一开始就是错误的，那么系统的部署和管理过程就会失败，无论是概念上还是设计上存在缺陷，都会导致系统无法初始化或运行失败。在短期内，规划过程主要利用各种具体设备工具来手动设计，在中长期后，运行管理子系统将为规划设计引入更多自动化的增强型的规划功能，减少人为的介入。

战术级通信系统部署过程包括五个阶段：任务分析阶段、需求收集阶段、网络设计阶段、网络构建阶段、网络验证阶段。输入是任务作战方案，输出是满足作战需求的作战网络（OPNET）。总体而言，这五个阶段共分为27个子步骤，这些步骤必须由具备相应技能和经验的人员根据安装标准化流程实施，具体流程如图4-13所示。

4.2.1　任务分析阶段

任务分析是战术级通信系统部署过程的第一阶段，从接收指挥人员批准的任务作战方案开始，进行任务指挥需求分析，形成网络规划评估方案。操作人员使用作战或演训任务、敌情我情、地形地貌、气象水文、部队人员、装备保障、任务时间以及政工问题等变量来确定指挥人员需求，从而为战术通信系统规划网络结构和通信结构。这一阶段结束后生成并发布网络规划评估方案,共分为6个步骤。

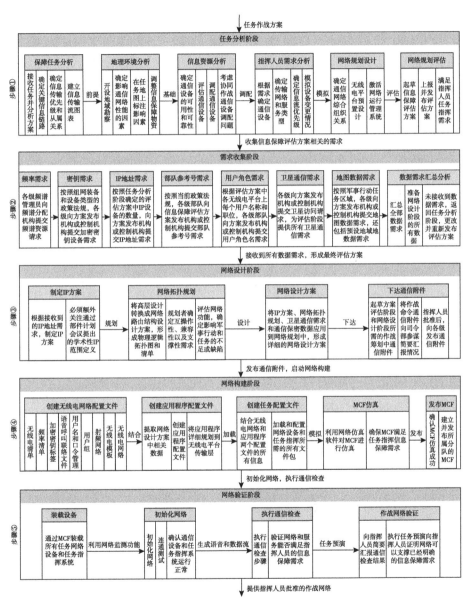

图4-13 战术级通信系统部署流程

1. 保障任务分析

操作人员接收作战或演训演练任务并分析方案，确定整个作战或演训任务过程中的关键信息链路，确定各部队之间的信息传输优先级和从属关系，形成信息传输流图表，表明指挥人员信息交互需求。这些信息交换的过程是建立后期规划方案的关键部分，也是重要依据。

2. 地理环境分析

操作人员进行开设地域勘察，找出可能影响通信网络性能的地形或环境障碍，这些障碍可能包括人造障碍物（高层建筑物、电线杆、信号塔等）、地形地貌（高原、密林等）、大气效应（降水、雾气、太阳耀斑等）、电磁环境等，其中地形地貌影响或潜在影响可能需要根据实际情况重新调配的通信设备物资。这些影响通信网络性能的地形或环境障碍需要在任务地图上进行标注，以便指挥人员和操作人员进一步明确考虑因素，调整信息保障物资配备，从而减缓对通信网络性能的影响。

3. 信息资源分析

操作人员事先检查信息资源并确保所有通信装备的可用性、可靠性以及可操作性，并对设备运行准备情况和能否适应作战或演训需求进行评估，对不符合需求的装备（设备）进行调换；对不能满足任务要求的部队（前提是优先权高，例如主攻部队）需要从其他部队调配装设备；遇到步骤2中的地形或环境障碍影响，还需向上级申请装设备。此外，同时考虑联军、联盟、同盟和主权国的装设备调配问题。

4. 指挥人员需求分析

根据步骤1和2中的信息交互需求和信息传输流图表，确定传输网络和服务类型（语音、数据、视频和图像等），作为信息交互优先权的关键驱动因素，并确定利用建制装设备（包括硬件和软件）满足信息需求的方法，确保与信息交互需求和信息传输流图表轻松匹配（只多不少）。模拟应对突发情况进行的装备（设备）变更，确保指挥人员信息动态需求的实现。

5. 网络规划设计

这是建立战术通信系统规划网络结构和通信结构的重要步骤之一。通过建立信息系统结构和无线电平台预置结构，确定通信网络综合组织关系，形成组织结构图，通过信息化程序激活网络运行管理系统。信息系统结构是一个连接图表，详细说明任务编组结构中的信息装设备覆盖态势图；无线电平台预置结构是从信息系统结构中提取的信息，转化为任务部队从上到下中间各层级的具体装设备配置。

6. 网络规划评估

收集步骤1~4的分析结果，作为最终网络规划方案的结论，并起草部队信息保障评估方案作为调配人员的依据，将评估情况简要汇报给指挥人员，并按照标准的军事决策过程将评估方案发布，满足指挥人员任务指挥需求。

4.2.2 需求收集阶段

需求收集是系统部署过程的第二阶段，从发布信息保障评估方案和可行性、可用性、可操作性开始，到收集到与评估方案相关的所有数据需求，再到需要建立任务部队网络设计方案时，该过程结束，共分为如下8个步骤。

1. 频率需求

所有通信设备类型和数量按照当前的政策和法规向频谱分配机构提报。各级频谱管理员向频谱分配机构提交频谱资源请求。

2. 密钥需求

按照组网装备和设备类型的政策法规，各级部队向方案发布机构或控制机构提交密钥需求。

3. IP地址需求

按照任务分析阶段确定的评估方案中IP设备的数量，各级部队向方案发布机构或控制机构提交IP地址需求，包括备用需求，适应不断变化的任务需要。

4. 部队参考号需求

按照当前政策法规，各级部队向信息保障评估方案发布机构或控制机构提交部队参考号需求。部队参考号是每个软件定义无线电为态势感知报告需求分配的唯一数字标识符，包括备用需求，适应不断变化的任务需要。

5. 用户角色需求

根据评估方案中各无线电平台上每个用户名称和职位，各级向方案发布机构或控制机构提交用户角色名需求。确定角色名并将每名操作人员分配到与其对应的无线电平台上,包括备用需求,适应不断变化的任务需要。

6. 卫星通信需求

各级向方案发布机构或控制机构提交卫星访问请求,为评估阶段提供所有卫星通信需求。

7. 地图数据需求

按照军事行动任务区域,各级部队向方案发布机构或控制机构提交地图数据需求,包括预设地域数据需求,适应整个军事行动任务区域的潜在变化。

8. 数据需求汇总分析

汇总整个需求收集阶段的全部数据需求,准备网络设计阶段的所有数据。如果未接收到所有的数据需求,操作人员必须返回任务分析阶段确定因素,并对网络规划方案进行必要更改,提交批准后重新发布信息保障评估方案。

4.2.3 网络设计阶段

网络设计是系统部署过程的第三阶段。当所有网络数据需求被接受(包括被拒绝的需求可能带来的影响通过审查,获得指挥人员批准),在最终信息保障评估方案发布后,开始进入网络设计阶段。网络设计阶段完成的标志是发布作战命令通信附件,生成网络设计方案。整个阶段共有4个步骤:

1. 制定IP方案

根据接收到的支撑信息保障评估方案的IP地址需求,

制定IP方案。作为装设备重置过程的一部分，各级部队会接收到一个基本的IP地址集（包括在用IP地址和备用IP地址），涵盖编成编组、新入网装设备部署和部队IP需求等所有任务行动范畴。必须额外关注通过通信组织计划会议向负责调配、后勤和技术保障的人员说明部队的通信需求，直到建立一个科学可行的IP范围定义。

2.网络拓扑规划

网络拓扑规划是为信息传输建立网络结构所必需的，是将高层设计转换成网络路由结构设计方案，通过为网络服务、应用服务和语音服务建立的底层参数，将其转化为一个可配置的模板，形成物理逻辑拓扑图和清单。规划者确定互操作性、兼容性以及支撑性需求，评估网络功能，确定影响军事行动和任务的不足或缺陷。

网络服务确保网络可以为所有用户和装备（设备）提供、维持和扩展网络连通性，包括：管理与联合部队、他国部队相关的所有信息交互接口，协调、更新、分发频率分配表，管理通信协议，协调国防信息网与指挥控制系统的用户界面，确保冗余通信手段可以贯通任务指挥信息链，基于频率、拓扑、协议、带宽、资源、应用、服务来规划详细的网络设计方案。为了支持数据分发和信息服务，同时支持访问任务区域以外的信息，网络服务提供系统、用户、程序所需的所有功能。一些常见的网络服务包括目录服务、电子邮件、文件共享、网关服务、波形聊天服务、打印、IP语音、视频点播和网络管理。

应用服务是基于IP网络对应用程序的一种安全高效的集成，以提高应用程序的可用性和可靠性，为整个战术通信网提供远程访问。通过使用移动装备（设备）上的客户端访问任务指挥应用程序，为部队提供安全可靠的信息。战术情报地面报告（TIGR）系统就是一种典型的应用服务，使用客户端从一个接入服务器向单兵提供情报信息。

语音服务包括传统战斗无线电网和基于语音服务的应用。战斗无线电网的主要功能是语音传输指挥控制系统。当信息传输需求超过陆军数据分发系统或战术级作战人员信息网容量时，战斗无线电网就会承担起数据传输任务。在大多数网络中，语音信息要优于数据传输。但在战术火力数据系统和高级野战炮兵战术数据系统使用单信道地面和机载无线电系统使数据传输优于语音信息。

3. 网络设计方案

将IP方案、网络拓扑规划、卫星通信需求和通信保密数据应用到网络规划中，形成详细的网络设计方案。网络设计方案的确定标志着网络规划过程从前三个阶段的"战争技艺"过渡到后两个阶段的"战争科学"。

4. 下达通信附件

起草方案评估阶段和网络设计阶段所需的作战或演训筹划中通信附件，将作战或演训命令通信附件向司令部参谋简要汇报情况，获得指挥人员批准后，向各级部队发布通信附件。

4.2.4 网络构建阶段

网络构建是系统部署过程的第四阶段，使用网络设计阶段制定的方案，创建无线电网络配置文件和应用程序配置文件，从而为创建任务配置文件奠定基础，任务配置文件包括实现和完成构建的所有网络设备和应用程序配置文件。可以通过直接访问或仿真工具对其进行测试和验证。本阶段的最终状态是将任务配置文件分发给部队各层级，以支持后续阶段的完成，结束标志是发布任务配置文件。本阶段共分为5个步骤：

1. 创建无线电网络配置文件

无线电网络配置文件（RNCF）是一个由字段和列组成的电子表格，用于设置无线电网络数据，包含无线电清单、频率清单、加密密钥标签、语音呼叫本（联络文件）、管理界面（用户名和口令管理）、用户组（管理员、安全员、操作人员等）、射频网络（按网络类型命名的各种无线网络组成，如SRW、SINCGARS等）、无线电模板（无线电平台数据列表）、无线电网络（RNCF预置数据）等内容，以生成后续加载到软件定义通信网络的具体配置文件。

2. 创建应用程序配置文件

提取网络设计方案中相关数据，创建应用程序配置文件，该文件由任务指挥的具体应用程序数据组成。这些数据将应用程序详细规划到无线电平台传输层。

3. 创建任务配置文件

完成步骤1和2之后，结合无线电网络和应用程序两个配置文件的所有信息，加载和配置网络设备和任务指挥所需的所有文件包，生成任务配置文件（MCF），整合到统一的规划过程中。

4. MCF仿真

利用网络仿真软件对任务配置文件进行仿真，确保MCF建立可以满足任务指挥信息保障需求和支持指挥人员信息交互需求的预期通信网络平台。

5. 发布MCF

确认任务配置文件仿真成功，建立并发布所属分队的任务配置文件，以供其在网络验证阶段使用。

4.2.5 网络验证阶段

网络验证是系统部署过程的第五阶段，也是最后一个阶段。操作人员根据任务配置文件加载所有网络设备和任务指挥系统，初始化网络，执行连通测试和通信检查，最后向指挥人员提供一个作战网络（OPNET），该网络可以满足并支持信息保障需求。本阶段共分为4个步骤：

1. 装载设备

通过MCF装载所有任务网络设备和任务指挥系统，并装载密钥。

2. 初始化网络

在完成设备装载后，初始化满足任务通信需求的网络，进行连通测试，确保所有通信设备和任务指挥系统运行正常且信息链路畅通。

3. 执行通信检查

在完成网络初始化后，执行通信检查步骤，验证网络和服务能否满足指挥人员的信息保障需求。

4. 作战网络验证

操作人员向指挥人员简要汇报通信检查结果，通过执行一次任务预演向指挥人员证明构建的作战网络可以支撑已经明确的信息保障需求。验证成功后，操作人员将任务配置文件传输给各级进行更新。作战网络验证成功标志着从网络规划阶段向网络管理阶段转换。

总体而言，上述五个阶段必须由受过专业技能训练的操作人员标准化执行，不按照流程正确执行容易造成网络故障导致部署失败。在严重的情况下，初始化都有可能失败。

4.3　系统组织运用

在信息化作战中，美国陆军部队将与不同类型、模式的敌方部队激烈交战。作战的每一方均包括相互独立又相互联系的组成部分，各组成部分在作战过程中相互依存、相互配合，并且在其内部及彼此之间不断调整以适应变化。此外，作战环境并非静止的状态，其将持续不断地变化。作战环境的动态本质不仅会导致难以明确因果关系，而且会增加军事行动的不确定性。指挥信息系统通过实时高效的信息获取、共享和处理，使美国陆军部队占据信息优势，拨开战争迷雾，减少军事行动的不确定性，从而快速适应变化、高效协同，实现各作战力量间的深度联合，提升作战效能。

任务式指挥是指挥人员利用任务命令行使权力和进行指导，以确保在实施统一地面作战中，下级指挥人员能机断行事，发挥有约束的主动性，以实现指挥人员的意图（《美国陆军条令出版物》（ADRP6-0））。美国陆军基于战术级指挥信息系统实施任务式指挥的作战流程中主要包括四个活动：计划制定、作战准备、实施作战和评估，如图4-14所示（《美国陆军条令参考出版物》（ADRP5-0））。作战流程中，指挥人员、参谋机构和下属部队作为一个整体团队开展培训，从而实现作战计划、准备、实施、评估的协同。

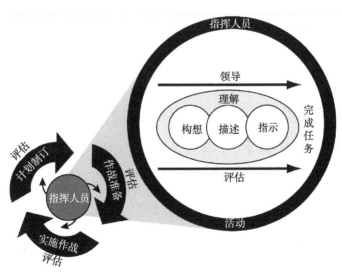

图4-14　美国陆军作战流程

4.3.1 计划制订

美国陆军计划制订涉及理解情况、设想期望的结果，确定实现构想的有效方法。计划制订将帮助指挥人员在本人、参谋机构、下级指挥人员以及统一行动伙伴之间建立并传递一种共同的构想，是作战流程中的一项持续性、周期性的行动。在作战准备与实施期间，计划将根据情况变化不断完善或重新解析问题并制订一份全新的计划。计划制订周期从长至短不等。部队可以根据梯队和环境确定制订计划的时间。

计划制订的产品是计划与命令，这些计划与命令将在时间、空间以及目的上协同军队行动并达成目标和完成任务。计划和指令以多种形式出现，一些计划以书面命令与附件的形式生成。还有一些计划可以先产生以口头形式下达的简令，然后以书面形式下达。指挥人员向下属部队下达计划与指令，传达其对情况的理解以及对行动的构想。计划是一个持续不断变化的预期行动框架，目的是最大限度捕捉战机。随着下属部队进入作战行动相关阶段，计划或指令将对其提供指导。衡量一项计划的标准不是看行动是否能按计划实施，而是看面临未知情况时计划能否推动有效行动。好的计划和指令有助于作战单元理解上级指挥人员意图，并在遵循上级指挥人员意图的同时更好地发挥作战单元的主动性。

计划制订是一个从概略到精细、从模糊到清晰、从预定到确定的复杂过程。计划制定的主要活动有作战筹划、定下军事决策和部队指挥程序等。

1. 作战筹划

作战筹划支持指挥员增进对上级指挥员意图、作战环境、作战问题以及作战方法的理解，是上级意图、概念性计划与具体计划之间的纽带。美国陆军作战筹划过程需要建立作战环境框架、建立问题框架，以及确定解决问题的作战方法。如图4-15所示。美国陆军作战筹划过程有助于增进对作战环境、问题说明、指挥人员初始意图以及作战方法的理解，是概念性计划与具体计划之间的纽带。指挥人员将根据其在应用美国陆军作战筹划过程时增进的对作战的理解和获取的知识发布包括作战方法在内的计划指南，旨在为定下军事决策就制定更加详细的计划提供指导。

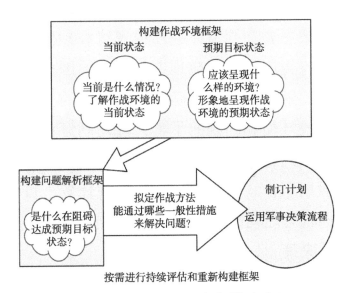

图4-15　美国陆军作战筹划过程

在美国陆军作战筹划过程中，评估将持续性影响作战筹划的方向和成果的形成，并贯穿准备和实施阶段。评估包括对战场情况进行的实时判断，有助于帮助指挥人员估量运用部队力量与能力的效果，进而从上级指挥人员意图与作战概念的角度确保作战方法保持可行性与可接受性。如果当前的作战方法无法满足上述标准，或者作战环境或问题发生重大变化，指挥人员可以决定重新建立问题解析框架。重新建立问题解析框架包括重新看待支撑当前作战方式的先前假设、结论以及决心。重新建立问题解析框架可以生成新的问题说明与新的作战方法，并最终生成一份全新的计划。

作战筹划主要运用陆军全球指挥控制系统（GCCS-A），支撑建立作战环境框架、建立问题框架和确定解决问题的作战方法等活动。建立作战环境框架包括了解作战环境现状和确定预期希望达成的作战环境条件（预期目标状态）。建立问题框架主要在弄清作战环境现状和预期作战环境差别，以及阻碍美国陆军达成预期状态的原因基础上，阐明遇到的、需要解决的问题。确定解决问题的作战方法主要是根据对作战环境和问题的了解，计划制订者思考确定作战方法来解决问题，为部队作战准备和实施提供指导；作战方法一般用工作线来描述，清晰展现任务、目标、条件和预期目标状态之间的联系。

2.定下军事决策

定下军事决策支持指挥员运用缜密清晰的思路、准确的判断和专业知识来了解战场局势，制定解决问题的方法和形成决策，它将指挥人员、参谋、下级指挥部和统一行动友邻部队的行动进行整合以了解形势和任务、拟定和比对行动方案、决定完成任务的最佳行动方案以及制定作战计划和命令。该进程有助于指挥人员、参谋及其他人员在制订计划的同时批判地和创造性地进行思考，有助于进一步了解战场形势、理解作战计划或命令——这些都可用于指导部队作战准备和实施作战行动。

定下军事决策主要包括任务受领、任务分析、制定行动方案、行动方案分析、行动方案对比、行动方案与命令生成和下达等活动。美军运用全球指挥控制系统陆军分系统（GCCS-A）和未来指挥所（CPOF）支撑任务受领；运用全源信息分析系统（ASAS）支撑任务分析；运用未来指挥所支撑制定行动方案、行动方案分析、行动方案对比、行动方案与命令生成和下达，具体流程步骤如表4-2所示。

表4-2 定下军事决策流程步骤

主要投入	步骤	主要产出
·指挥人员预知的上级指挥部的计划、命令或新任务	步骤1：任务受领	·指挥人员的初步指导 ·最初时间分配
预　令		
·上级指挥人员计划或命令 ·上级指挥人员的知识和情报产品 ·其他组织机构的知识产品 ·陆军筹划流程产品	步骤2：任务分析	·问题说明 ·任务说明 ·初始指挥人员意图 ·初始计划指导 ·初始指挥人员关键情报需求和己方信息基本要素 ·更新战场情报准备和持续不断地评估 ·设想

续表

主要投入	步骤	主要产出
预 令		
·任务说明 ·初始指挥人员意图、计划指导、初始指挥人员关键情报需求和己方信息基本要素 ·更新战场情报准备和持续性评估 ·设想	步骤3：制订行动方案	·行动方案内容说明 ——临时任务编组 ——广义作战概念 ·经修改的计划指导 ·最新设想
·最新持续性评估 ·经修改的计划指导 ·行动方案内容说明 ·最新设想	步骤4：行动方案分析（战争推演）	·详细的行动方案 ·可能的决胜点 ·战争推演的结果 ·初始评估措施 ·最新设想
·最新持续性评估 ·详细的行动方案 ·评估标准 ·战争推演结果 ·最新设想	步骤5：行动方案对比	·经评估的行动方案 ·建议的行动方案 ·最新持续性评估 ·最新设想
·最新持续性评估 ·经评估的行动方案 ·建议的行动方案 ·最新设想	步骤6：行动方案的生成和下达	·指挥人员精选行动方案和任何修改 ·详细的指挥人员意图、初始指挥人员关键情报需求和己方信息基本要素 ·最新设想
·指挥人员精选行动方案和任何修改 ·详细的指挥人员意图、初始指挥人员关键情报需求和己方信息基本要素 ·最新设想	步骤7：命令的生成和下达	·通过行动计划或命令 ·下级了解计划或命令

3.部队指挥程序

部队指挥程序支持小规模部队指挥员接到上级作战命令后分析任务、制定计划和准备作战。它将定下军事决策延伸到小规模部队层级，是连级和缺乏正式参谋人员的类似单位指挥员进行分支计划制定和准备作战行动的一个动态程序。在单独或与小规模部队合作解决战术问题时，指挥人员会运用部队指挥程序。例如，在部队指挥程序期间，连长可使用执行官、连军士长、火力支援官、补给军士和通信军士为其提供帮助。

在接到初始预令或新任务时，指挥人员就开始实施部队指挥程序。随着后续命令的下达，指挥人员对前期评估进行修改、更新暂行计划、继续对准备工作进行监督和评估。在某些情况下，出于安全考虑或战斗节奏影响，上级指挥部可能不会遵循完整的预令流程，指挥人员应仔细考虑决定是否取消预令。下级单位还需要具有足够的信息对作战进行计划和准备。在其他情况下，根据现有的计划和命令（应急计划或预备任务），以及他们对战场形势的掌握，指挥人员可在接到预令之前启动部队指挥程序。

如果每个预令包含足够的信息，上级指挥部的最终命令将对下级指挥人员的分析进行确认，并将其添加到他们的暂行计划中。在某些情况下，上级指挥所命令可能改变或调整下级任务，这需要指挥人员通过侦察活动来进一步了解战场情况，并调整分支计划。

部队指挥程序主要运用21世纪旅及旅以下部队作战指

挥系统（FBCB^2），支撑受领任务、发布预令、制定暂行计划、出动、展开侦察、完成计划、发布命令、监控和完善计划等活动。

4.3.2 作战准备

作战准备是指由部队和官兵为增强实施作战的能力而开展的活动。作战准备活动为增加己方部队的成功机会创造了条件。它要求指挥人员、参谋人员、部队和官兵采取行动以确保部队训练有素、装备精良并做好实施作战的准备。作战准备活动能够帮助指挥人员、参谋人员和官兵全面了解战场情况及其在未来作战行动中的角色。

任务的成功不仅靠计划，也靠准备。下级部队在受领上级计划方案后，需要足够的时间来充分了解计划，合理制定自己的作战计划并完成准备工作，才能有效实施计划。指挥人员在准备作战的同时努力验证各种设想，增强其对情况的理解。在作战准备期间，指挥人员分配时间，用于开展任务编组，包括编配部队、调动部队，以及接收新到部队和官兵并将其整合到整个部队。在充分了解计划方案后，战术部队指挥人员对方案重要部分进行演练，确保官兵和装备到位、准备实施作战。

作战准备的主要活动有组织作战协同、启动作战信息保障、组织警戒防护、组织战前训练和组织后装保障等。

1. 组织作战协同

组织作战协同支持指挥人员持续与上级、下级、友邻、支援、受援部队和民事机构间进行协调，有助于确保协同部队指挥人员了解在即将到来的作战中所属部队的职责和任务，确保在时域、空域、频域上行动的统一。建立并保持通信联络对组织作战协同至关重要。通信联络的过程可以从计划制定开始，并在作战准备和实施作战过程中继续保持，也可从实施作战阶段开始。

组织作战协同主要运用21世纪旅及旅以下部队作战指挥系统（FBCB^2）和数字化步兵引导系统（DLS）等系统，支撑派遣和接收联络小组、建立通信链路、交换标准作业程序、实现计划同步和推动各参与方之间的协调等活动。

2.启动作战信息保障

启动作战信息保障支持指挥员持续进行信息搜集以获取及时准确的信息，满足指挥员关键信息需求和其他信息需求。指挥人员及其参谋人员通过计划、指挥和控制信息保障力量来尽可能多地获取和共享作战相关信息，帮助指挥人员深入了解战场态势，全面掌握作战进程。在启动作战信息保障过程中，应重点解决指挥人员和所属部队之间的信息获取和传递问题。因此，传感器部署、数据存储位置、网络资源配置和信息网络性能等必须满足作战的具体需求。

启动作战信息保障主要运用数字地形支持系统（DTSS）、综合气象系统（IMETS）、联合网络管理系统（JNMS）、电子密钥管理系统（EKMS）和战术互联网管理系统（ISYSCON）等系统，支撑管理可用带宽、网络资源的配置与结构、跟踪网络系统状态、部署传感器、收集数据与信息等活动。其中联合网络管理系统（JNMS）、电子密钥管理系统（EKMS）和战术互联网管理系统（ISYSCON）主要提供网络、密钥、系统管理能力，数字地形支持系统（DTSS）和综合气象系统（IMETS）分别提供战场地形数据和气象数据的采集与处理能力。

3.组织警戒防护

部队在作战准备过程中往往是最脆弱的。组织警戒防护支持部队在作战准备过程中通过警戒行动防范敌方地面、空中的突袭和袭击，以保障部队在集结、调动、重组时的安全。部队在运动过程中，也应结合警戒防护，确保不向敌方暴露部队行动意图。在作战准备过程中，警戒行动（包括屏护、警卫、掩护、区域警戒和直接警戒）是不可或缺的一部分。负责警戒的部队在其他部队准备全面作战时实施警戒防护任务。

组织警戒防护主要运用21世纪旅及旅以下部队作战指挥系统（FBCB^2）、战术空域综合系统（TAIS）和防空反导工作站（AMDWS）等系统，支撑地面和空中的屏护、警卫、掩护、区域警戒和直接警戒等行动。

4.组织战前训练

组织战前训练支持部队了解作战计划和实施预定行动，有助于增进部队官兵对作战任务、作战环境、作战问题的理解，确保部队拥有完成任务所必需的资源和能力，从而提升作战实施过程的效能。有效的战前训练如预演能够让各部队牢记作战中行动的重要性顺序和要点，增强指挥人员与部队、与支援部队指挥人员及其所属部队之间的态势理解与行动协调。战前训练的内容取决于作战需求、可利用的时间和条件。

组织战前训练主要运用未来指挥所（CPOF），支撑作战训练、举行预演、进行战前核实与检查等活动。

5. 组织后装保障

组织后装保障支持各级后勤保障人员按照上级意图优化后装保障计划，确定当前可利用的后装资源并确保资源可用，并对后装资源进行合理配置。在作战准备期间，后勤保障计划随作战计划变化而调整，以保证作战计划的有效实施。在作战准备期间需要根据作战需求和战场情况变化进行再补给、维修以及发放补给或装备，也可能需要对补给资源进行重新配置。在后装保障支撑下，有效的作战准备能够确保恰当的部队在配备恰当的装备和资源后，在恰当的时间配置在最恰当的位置，随时准备遂行作战任务。

组织后装保障主要运用战场指挥与勤务支援支持系统（BCS^3）和战斗勤务支援控制系统（CSSCS）等系统，支撑分析后勤支援需求、确定并准备后勤基地、交通线建立、维修、发放补给或装备、补给资源重新配置、预测和储备作战物资、考虑环境因素等活动。

4.3.3 作战实施

实施是指运用战斗力将一项计划转化为具体行动，通过行动来夺取战场主动权，目的是完成作战任务。在实施的过程中，各级指挥人员应身处能有效行使指挥权并正确判断作战情况的位置，指挥人员在不断完善自身对战场情况的理解并调整他们的作战构想的同时，还要专注于行使指挥、评估与领导职能；参谋机构根据其职责权限指示各部队按计划实施作战，下级指挥人员和部队专注于将战斗决心转化为具体的作战行动。指挥人员及其参谋人员可利用决策辅助模板、决策辅助矩阵和实施矩阵来帮助控制作战，下定决心开展行动。

在实施过程中，战场情况可能快速变化。指挥人员在计划中设想的作战行动可能与实施过程中的实际情况差异较大。当原始命令不再适用时，下级指挥人员需要有最大的自由度并实时利用当前的行动优势以实现上级指挥人员的意图。在任务式指挥环境中，有效实施要求各级指挥人员独立下定决心，敢于临机决策，并勇于为抓住机遇而审慎冒险。各级指挥人员必须有能力且愿意主动按照上级指挥人员意图解决作战实施过程中遇到的各种问题，而不是事事请示上级指挥部。

实施作战的主要活动有分析比对战场态势、确定决心的调整类型、修订行动方案、完善验证行动方案、协调控制作战行动等，如图4-16所示。

1.分析比对战场态势

在实施期间，指挥人员及其参谋人员监控形势的发展以了解各种战场要素发生变化的情况，分析这些变化是否会影响到整个作战行动或某些作战行动，确认这些变化是否与作战命令中预想的战场情况存在偏差，尤其是是否与预想的优势机会与风险威胁存在偏差。参谋人员随时跟踪观察和实时分析战场情况，重点关注那些可能影响他们专业领域的偏差。

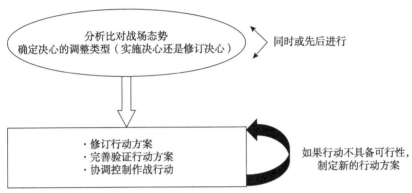

图4-16 美国陆军实施作战过程

分析比对战场态势支持指挥员及其参谋人员监控战场形势的发展、确认当前态势与预想的偏差、分析偏差对作战行动整体或部分的影响，指导指挥员形成决心调整预案。

分析比对战场态势主要运用战术情报地面报告（TIGR）系统和未来指挥所（CPOF）等系统，支撑监控战场形势、了解条件变化、确认偏差、分析对作战行动的影响等活动。

2.确定决心的调整类型

实施作战期间确定的决心调整类型包括实施决心和修订决心。实施决心涵盖作战计划命令中的各项具体方案。

指挥人员可以将某些实施决心的权限委托给参谋机构,但是指挥人员是所有决定的负责人,并全程参与各项决定。修订决心涵盖指挥人员没有预计到的方案,这些决心包括做出重新解析问题、制定一项全新计划的决定。

实施决心是指执行命令中预想情况下的既定行动。在大部分情况下,实施决心是指挥人员可以预见的,并确定要在行动期间实施的决定。他们在作战命令已经确定的时间点或状态中投入资源。例如,调整作战区域疆界,从一个阶段转换到下一个阶段等,或实施分支计划,都属于实施决心。指挥人员负责这些决心的实施,但也可以指示参谋长(执行官)或参谋军官监督这些决心的实施。当前作战综合处(科)负责监督落实实施决心所需的各项协同工作。

修订决心是指调整作战计划和作战行动以应对临时出现的优势机会或风险威胁。这通常需要实施一些预期外的行动,比如重新协调各项作战职能。指挥人员做出修订和调整决定,并授权他人实施;需要强调的是,重大调整必须由指挥人员确定后再实施。

确定决心的调整类型支持指挥员及其参谋人员评估偏差的性质和影响,确定是否需要对作战决心进行调整。若偏差会影响部队总体方向,由指挥员调整总体决心;若偏差影响部门作战职能,则由部门领导调整该项决心;若偏差对作战行动影响很小,则不需要调整决心,如图4-17所示。

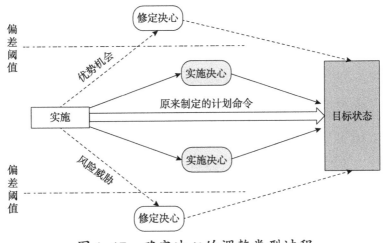

图4-17 确定决心的调整类型过程

确定决心的调整类型主要运用未来指挥所系统，支撑描述偏差、确定偏差影响程度、确定偏差性质、决定调整类型等活动。

3.修订行动方案

如果出现的新偏差要求指挥人员修订决心，则指定的综合处（科）与指挥所相关的部门处（科）负责人可以在指挥人员的指导下制定新的行动方案。新的行动方案必须符合上级意图，深入分析偏差带来的影响，考虑限制因素（如补给限制、边界限制和作战实力限制等），遵循计划制定中的军事决策流程和陆军指挥程序。该行动方案可以根据偏差改变作战方式和指挥人员关键信息需求，但必须始终保持与指挥人员意图的一致性。

修订行动方案主要运用未来指挥所系统，支撑任务分析、上级意图分析、行动方案条件设定、推演及方案制定等活动。

4. 完善验证行动方案

一旦指挥人员阐述了新的行动方案，调整前的作战综合处（科）就要对此行动方案进行分析，以验证其可行性、适应性与可接受性。如果可接受，就需要对该行动方案进行完善，重新协调各项作战职能以运用作战力量生成战斗力。调整后的作战综合处（科）的参谋负责落实新行动方案中本专业领域的细节，起草实施该行动方案的简令。指挥人员、参谋长（执行官）可举行一场行动协调会以确保各项任务能快速协调到位。

指挥人员及其参谋人员综合考虑敌方、我方各项影响因素，通过推演等方式完成行动方案验证。验证与完善工作应快速高效，目的是确定此行动方案能否解决变化带来的问题。如果不能，参谋长或作战部门首长将通过更多的分析来修改该方案或制定一个新的行动方案。参谋长（执行官）应向指挥人员及时报告行动方案修改的情况。

完善验证行动方案主要运用未来指挥所系统，支撑行动方案推演验证、行动影响分析、修改完善方案等活动。

5. 协调控制作战行动

协调控制作战行动支持指挥员、参谋人员、下级部队和友邻部队基于行动方案或作战命令确保行动协调一致。协调控制过程中，指挥员通过书面简令、口头命令等方式控制下属部队进行作战行动调整；通过通用作战图协调各专业部门行动、提供支援、避免意外和误伤。参谋利用预先号令来提醒下属作战行动将有所调整；参谋还需给部队预留充分的时间来执行这些调整，确保不会出现行动脱节或带来不必要的战术风险。为确保行动协调一致及部队所有人都能得到通知，需要用书面简令来重申口头命令。如果时间允许，指挥人员需要核实下属人员对重要任务的理解程度，核实方法包括举行信息确认简报会和信息反馈简报会等。

为了执行作战行动，指挥人员可依据战斗力来概念化能力。战斗力有八个要素：领导、信息、任务式指挥、运动和机动、情报、火力、保障和防护。美国陆军将后六个要素统称作战职能。指挥人员通过作战职能来使用领导和信息要素，从而运用战斗力执行作战行动。各要素的含义如下：①领导：指挥人员通过任务式指挥运用领导；领导是实现战斗力的增强与统一的要素；美国陆军对"领导"的定义是，在为完成任务和完善组织而遂行作战行动时，通过提供目的、指令和动机来影响人们的过程（参见《陆军野战条令》(FM6-22)）。②信息：信息能够让各级指挥人员下定有关如何最好地运用战斗力的正确决心；从根本上讲，信息可以为取得决定性战果创造战机。③任务式指挥：该作战职能给予下属最大程度的行动自由；虽然指挥人员仍是任务式指挥的中心，但任务式指挥可以让下属自主发展态势；通过依据指挥人员意图在动态条件下严格发扬主动性，就能让下属进行调整并采取决定性的行动。④运动和机动：该作战职能是与将部队移动和运用至较敌人和其他威胁更有利的位置有关的任务和行动。⑤情报：

该作战职能是指有助于了解掌握敌情、地形和民事事项的相关任务和行动，包括了解威胁、敌情和天气。⑥火力：该作战职能是指通过目标确定过程提供陆军间瞄火力、防空和导弹防御以及联合火力的共同或协调使用的相关任务和行动；陆军火力系统投送火力，为进攻和防御任务提供支援，从而对目标创造出杀伤性和非杀伤性效果。⑦保障：该作战职能是指为确保行动自由、扩大作战行动影响范围和延长持久性而提供支援或服务的相关任务和行动，保障决定陆军作战行动的纵深和持久性。⑧防护：该作战职能是有关保存力量以便指挥人员能够最大化地运用战斗力实现作战目标的相关任务和行动，防护作战职能有助于指挥人员保持部队的完整性和战斗力。指挥信息系统主要支撑领导、信息、任务式指挥等要素能力的实现和其他作战职能中指挥、控制、协同等能力的实现。

协调控制作战行动主要运用21世纪旅及旅以下部队作战指挥系统（FBCB^2）、数字化步兵引导系统（DLS）、高级野战炮兵战术数据系统（AFATDS）、防空反导工作站（AMDWS）和"奈特勇士"等系统，支撑命令下达、命令调整、协调控制决策分析、专业部门行动协调、通用作战图形成等活动。其中，21世纪旅及旅以下部队作战指挥系统提供战术级部队指挥控制与协同能力，高级野战炮兵战术数据系统提供炮兵火力打击与协同能力，防空反导工作站（AMDWS）提供防空反导与协同能力，数字化步兵引导系统和"奈特勇士"提供单兵数字化作战与协同能力。

4.3.4 评估

评估是指确定完成一项任务、实现某种效果或实现一个目标的进展情况。评估活动包括仔细比较预测的结果与实际的情况，然后确定兵力运用的总体效果。更具体地说，评估活动旨在帮助指挥人员确定实现预定目标状态的进展情况。评估活动还包括持续监控与评估作战环境以确保哪些变化可能会影响作战行动的实施。

在整个作战流程中，指挥人员将他们自己的评估与参谋机构、下级指挥人员及统一行动合作伙伴的评估整合到一起。评估（作战行动）进展是所有参谋处（科）的职责所在，不是仅属于某一个参谋处（科）或指挥所下属处（科）室的责任。每个参谋处（科）都要从自己的专业领域评估行动的进展情况。并且，这些参谋处（科）必须在所有作战职能范围内协调与整合各自的评估与相关建议，从而为指挥人员提供一份全面的评估报告。评估作战流程的主要工具包括作战命令、通用作战图、个人观察、持续性评估和评估计划。评估将依据效果评定标准、绩效评定标准等形成结论与建议。

评估的主要活动有作战形势监控，数据采集与效果绩效评定，提出修订建议等。

1. 作战形势监控

监控是指持续观察与当前作战行动相关的各种情况与条件。评估流程中的监控活动使得参谋能够搜集相关信息，尤其是那些与当前形势相关的，可以与指挥人员意图及作战概念中描述的预期情况进行比较的信息。没有准确理解当前形势，就不可能判断进展情况，也不可能做出有效决定。在计划阶段，指挥人员监控形势发展，列出事实情况，提出假设，为计划制订提供参考。在准备与实施阶段，指挥人员及其参谋人员监控形势发展以确定事实情况变化，他们提出的假设是否依旧有效、是否出现了新的可能会影响作战行动的情况。

指挥人员的关键信息需求与决断点都着重在于参谋机构的监控活动，部队的情报收集活动也据此进行优化。涉及敌情、地形、天气、民事考虑的信息需求通过侦察与监视活动予以满足并被列为优先重点。指挥人员可利用己方部队报告文书的信息来协调其他与评估相关的信息需求。为防止重复搜集信息，与评估作战行动相关的信息需求既要整合进侦察与监视计划中，也要纳入己方部队的信息需求。参谋人员监控并搜集的信息主要源于通用作战图及己方部队报告；此类信息包括来自下级、上级及友邻指挥部的作战总结与情报总结，还包括来自各联络小组的电报与报告。参谋还要确定军方以外渠道的信息来源，监控收集他们的报告；这些渠道包括民事机构、东道国和其他政府机构。参谋利用信息管理与知识管理技巧来实现将正确的信息在正确的时间传给正确的人。参谋部门在持续性评估活动中记录相关信息，对当前行动进行持续不间断的评估以确定其是否按照指挥人员的意图、任务及作战概念稳定推进。在他们的持续性评估中，参谋部门利用新信息及更新的事实情况与假设作为评估的基础。

作战形势监控主要运用战术情报地面报告（TIGR）系统和未来指挥所等系统，支撑持续观察当前作战行动、信息收集、理解当前形势、情况比较，判断进展情况等活动。

2.数据采集与效果绩效评定

数据采集与效果绩效评定支持指挥员和参谋人员采集数据，分析收集到的数据，然后对整个行动进程开展研究与评价。采集的数据涉及敌情、地形、天气、民事等领域，包括来自下级、上级及友邻指挥部的作战总结与情报总结，来自各协同部队的计划与报告，以及军方以外渠道的数据。研究与评价是整个绩效评定过程的核心部分，通过效果评定标准（MOE）和绩效评定标准（MOP）确定实现目标和实施任务的进展。

效果评定标准和绩效评定标准帮助确定取得目标状态、实现目标和实施任务的过程进展程度。效果评定标准帮助确定一项任务是否实现了预期结果。绩效评定标准帮助确定一项任务是否正确完成。这两个标准都只是评估的方法，不能代表评估。效果评定标准用于评估系统行为、能力或作战环境发生变化的情况，与衡量是否达到目标状态、是否实现了一个具体目标或是否产生了预期效果有关；它帮助衡量条件变化，既包括有利条件的变化，也包括不利条件的变化。绩效评定标准用于评判已方部队开展的行动，与衡量任务完成情况有关；它帮助回答"行动是否已实施?"或"任务是否按标准完成了?"这样的问题;该标准用于"肯定"或"否定"一项任务是否得到正确实施,通常可以在各级的实施矩阵里找到。两个标准相关信息如表4-3所示。

表4-3 评估标准与指标

效果评定标准	绩效评定标准	指标
回答问题:我们做了正确的事吗?	回答问题:我们把事情做对了吗?	回答问题:效果评定标准或绩效评定标准状况如何?
考量目标是否完成	衡量任务是否完成	衡量原始数据以给效果评定标准或业绩评定标准提供参考信息
考量任务说明中的原因	衡量任务说明中的内容	可以用于衡量"原因"或"内容"的信息
与绩效评定标准之间没有等级关系	与效果评定标准之间没有等级关系	从属于效果评定标准和绩效评定标准
通常可在正式评估计划中追踪到	通常可在实施矩阵中追踪到	通常可在正式评估计划中跟踪到

数据采集与效果绩效评定主要运用未来指挥所(CPOF)系统,支撑采集数据、确定评价指标、确定效果评定标准、确定绩效评定标准、研究与评价等活动。

3.提出修订建议

根据评价进展,参谋机构集思广益,搜集各种改进计划的可能方案,并就这些改进方案做出初步的判断。参谋人员要确认这些改进具有足够多的好处,然后将这些改进方案作为建议提供给指挥人员或在他们自己的权限范围内作出适当调整。提供给指挥人员的建议多种多样，包括继续按计划开展行动、实施分支计划和进行非预期的调整等。调整包括为下属部队分配新的任务，重新划定支援优先重点，调整信息搜集资源以及大幅修改重大行动方案等。指挥人员将来自参谋机构、下级指挥人员及其他合作伙伴的建议进行整合，并根据这些建议来决定是否需要调整及如何调整作战行动以便更好地完成任务。

随着作战行动的开展，参谋机构持续将评估结果、结论和建议提供给指挥人员，参谋经过评估提出的建议必须及时、完整、可行。参谋长或执行官要保证参谋机构及时完成评估并提出建议，以确保信息能在必要时送抵指挥人员的手中。

提出修订建议主要运用未来指挥所系统，支撑确定评估结果与结论、搜集改进计划的可能方案、判断改进方案、拟定调整建议、评估并提出建议等活动。

第5章 实战案例

从20世纪90年代美军发动海湾战争开始,美国对外发动战争20余场,其中出动陆军部队执行作战任务10余场。这些作战任务既为美军战术级信息系统发展提出了现实的作战需求,又检验了其实际作战效能,不断改进战术级指挥信息系统技术性能和作战运用方法。在这些战争中,美军依托指挥信息系统,以取得制信息权、制空权为基础,开展不对称作战行动,大部分达到了作战预期目标,作战成果显著。

为展示美国陆军战术级指挥信息系统实际作战运用情况,本章列举了几个典型作战行动,力图客观地描述案例概况,展示美国陆军指挥信息系统作战时的系统构成、运用方式和运用效果。

5.1 "内在决心"行动

近年来,美军以反恐作战为名在全球多地作战,主要以营级部队或者特种作战分队规模遂行作战任务。为具体分析美军战术级指挥信息系统在实战中的组织运用情况，这里以2018年美军在叙利亚战争中，开展的一次特种作战行动为例进行剖析。

5.1.1 案例简述

在叙利亚战争中，美军以打击恐怖组织为名，以"内在决心"为代号，实施了一系列军事行动，本案例是这系列军事行动中较为典型的一次基于战术级指挥信息系统的实战运用。

2018年2月7日，驻叙利亚卡沙姆镇"考诺克"油气工厂据点的美军特遣分队，实施了一次夜间防卫抗击战斗，46人的特遣分队依托指挥信息系统在空地火力支援下，击退了叙方约500人、40辆坦克/装甲车的进攻，叙方伤亡达200余人（含14名俄籍雇佣兵）、30余辆坦克/装甲车被摧毁，美军无一人伤亡，充分体现了美军战术级指挥信息系统对作战行动的高效支撑。

5.1.2 作战编成

1. 指挥关系

2014年秋，随着"内在决心"行动的实施，美国陆军指派第1步兵师司令机关担任"内在决心"行动联军联合特遣部队司令部，是叙利亚军事行动的最高指挥机构。主要职能如图5-1所示。随着"内在决心"行动的深入开展，美军先后在卡塔尔设立了特战司令部和地面司令部，用于指挥特种作战人员和地面炮兵分遣队。

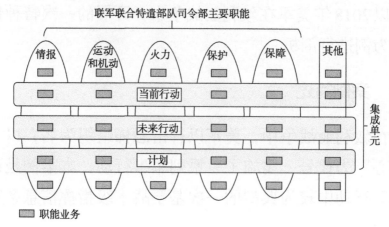

图5-1　联军联合特遣部队司令部主要职能

在此次行动中，美军地面力量，构建了"联合特遣部队司令部—特战司令部/地面司令部—特战分遣队/地面炮兵分遣队"三级指挥体系；空中力量，由联合特遣部队司令部内设的空中作战指挥中心直接指挥。各地面作战分遣队依托机动通信系统开设战术指挥所。在此次油气工厂据点控守任务中，参战力量指挥关系如图5-2所示。

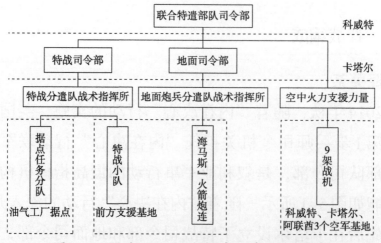

图5-2　油气工厂据点控守任务指挥关系

2. 力量编成

此次行动，由地面作战部队与空中作战力量共同完成。地面作战部队由控守任务力量与火力支援力量构成。美国陆军"三角洲"部队和第75别动团抽组的30余名特遣队员，主要担负油气工厂据点控守任务；1个16人特战小队和1个"海马斯"火箭炮连（9门火箭炮），部署在离据点32千米的"前方支援基地"，主要担负兵力火力支援任务。空中作战力量由9架战机（F-22战斗机、B-52轰炸机、MQ-9死神无人机各1架，F-15战斗机、AC-130对地攻击机、AH-64攻击直升机各2架），部署在叙利亚周边的科威特、卡塔尔、阿联酋3个空军基地，主要担负空中火力支援任务。

5.1.3 系统构成

1. 联合特遣部队司令部系统构成

联合特遣部队司令部，在科威特的美军军事基地开设，属于战役、战术级指挥所，主要部署全球作战联合支持系统（GCCS-J）、陆军全球指挥控制系统（GCCS-A）、联合全域指挥与控制（JADC^2）、陆军作战指挥系统、未来指挥所（CPOF）等系统，实现对空中力量、地面力量、海上力量以及盟军配属力量的联合指挥。

2. 特战司令部与地面司令部系统构成

特战司令部与地面司令部，在卡塔尔美军基地开设，属于战术级指挥所。其中，特战司令部主要部署陆军作战指挥系统中的陆军战术指挥控制系统（ATCCS）、21世纪旅及旅以下部队作战指挥系统（FBCB^2）、联合作战指挥平台（JBC-P）等系统，实现对特种作战力量的指挥控制；地面司令部部署陆军作战指挥系统中的陆军战术指挥控制系统、高级野战炮兵战术数据系统（AFATDS）、战术空域综合系统（TAIS），支撑地面部队指挥控制、火力打击等作战行动。

3.任务分队指挥所系统构成

特遣队员开设任务分队指挥所，使用"奈特勇士"系统，主要部署陆军作战指挥系统中的21世纪旅及旅以下部队作战指挥系统、联合作战指挥平台、"奈特勇士"等系统。前方支援基地地面炮兵分遣队开设分队指挥所，使用部署高级野战炮兵战术数据系统、联合作战指挥平台等。各级指挥所系统构成如图5-3所示。

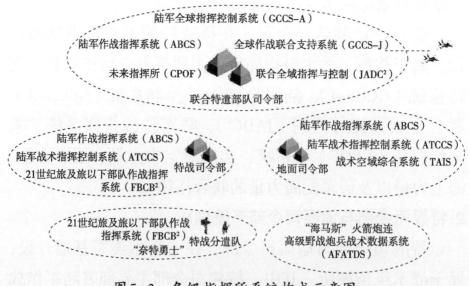

图5-3 各级指挥所系统构成示意图

4. 网系构成

各级指挥所主用机动通信系统，对上对下均通过车载或背负式无线电台和卫星通联手段建立指挥链路。

5.1.4 作战实施

2018年2月7日15：00，美军"前方支援基地"通过分布式通用地面站情报系统（DCGS-A）运用"死神"察打一体无人机，对防区进行例行性侦察巡逻，突然发现叙方武装力量约500人、40辆坦克/装甲车在卡沙姆镇集结。"前方支援基地"综合判断情况后，认为叙方武装力量可能夺占"考诺克"油气工厂。"前方支援基地"通过"分布式通用地面站情报系统"通报据点控守分队，并同步上报驻科威特的"内在决心"联合特遣部队司令部，开启了本次作战行动。

1. 计划制定

联合特遣部队司令部获悉敌情后，立即运用未来指挥所系统，组织作战计划制订。联合特遣部队司令部组织内设的空中作战指挥中心和驻卡塔尔的特战司令部、地面司令部，同步依托联合型阵军全球指挥控制系统，根据情报中叙利亚武装力量部署，在线联动拟制形成最佳火力打击方案、空地协同计划，利用全球作战联合支持系统和高级野战炮兵战术数据系统，第一时间下发至3个空军基地和"海马斯"火箭炮连，并将各种火力支援力量的临机指挥权，移交控守据点的特战分遣队，分遣队使用21世纪旅及旅以下部队作战指挥系统实施之后的作战指挥。

2.作战准备

各任务部队收到上级通报后，迅速开展战斗准备，持续通过分布式通用地面站情报系统（DCGS）运用"死神"无人机监视作战区域。2018年2月7日20：30，"死神"无人机监视发现叙军3辆坦克进至据点1.6千米范围，联合特遣部队司令部随即运用联合作战指挥平台命令"前方支援基地"备勤的16名特战队员向据点增援，3个空军基地的任务飞机起飞待战。

3.实施作战

22：30，双方开始作战。叙利亚武装力量率先开始威慑性炮击，油气工厂据点内美军特战分队立即运用反坦克火器实施近距离反击，同时，特战分队的"联合末端攻击控制员"通过"黑钻"通信系统的三星智能平板终端（部署未来指挥所CPOF系统）、"猎鹰"单兵电台（语音）、VMF数据链终端（数据链）等，实时引导"海马斯"火箭炮、F-15战机、B-52轰炸机、AC-130对地攻击机、"阿帕奇"攻击直升机等，先后完成数十波次空地火力打击，并实时反馈目标毁伤情况，其中，前6个波次间隔3~7分钟。在整个交火过程中，F-22战斗机负责保持战场制空权，防范叙利亚政府军及俄罗斯空中力量介入。约战至8日2：00，叙军开始撤退，美军随即停火。

4.实时评估

本次作战中，作战评估贯穿计划制定、作战准备与实施作战各个环节。

在计划制定过程中，根据火力打击方案、空地协同计划，由联合特遣部队司令部采用陆军全球指挥控制系统对比实时情报，评估火力方案。

在作战准备过程中，重点依据情报、《叙利亚战场停火协议》，评估确定作战时机，占据法理优势。根据情报，叙利亚武装力量有俄罗斯雇佣军，先行联系俄罗斯军方，获得俄方回复为无法控制俄罗斯雇佣军行动；根据《叙利亚战场停火协议》，明确"只有受到攻击时才能实施反击"。因此，最终确定采取反击作战方案。

在实施作战过程中，实时评估打击效果，通过特战小队、武装直升机侦察判断打击效果，及时调整打击方案。

5.1.5 运用效果

此次战斗过程是一次典型的基于指挥信息系统的作战行动，取得了令人震惊的战果。经过战后盘点，46人的特遣分队击退了叙方约500人和40辆坦克/装甲车的进攻，叙方伤亡达200余人，30余辆坦克/装甲车被摧毁，美方无一人伤亡。作战过程中，采用小核心（46人特遣分队）大外围（"海马斯"火箭炮连、各型战机、各级指挥所、情报处理中心）的作战样式，由指挥信息系统为情报侦察、指挥控制、作战协同、火力打击等提供能力支撑，取得了非常优异的作战效果。

1. 情报侦察先行，获取制信息权

清除战争迷雾，打看得见的仗，是美军指挥信息系统建设的一个重要方向。在此次作战中，F-22战斗机负责保持战场制空权，使得美军无人机能不间断侦察作战地域，结合特战人员对作战地域情报反馈，由分布式通用地面站情报系统及时汇总、分析、处理情报，并实时向各相关单位更新敌情态势。而叙方未能充分获取守军地面作战人员、空中支援力量等相关信息，制信息权由美军牢牢掌握，为美军赢得作战发挥了重要作用。

2. 空地一体打击，释放体系能力

在此次作战中，打击叙方的主力是美军空中火力支援和地面火炮，特战分队利用联合作战指挥平台主要进行了作战火力支援申请、打击引导和作战效果评估。具体为特战分队向指挥所申请火力支援后，通过"黑钻"通信系统的三星智能平板终端［未来指挥所（CPOF）系统］"猎鹰"单兵电台（话音）、VMF数据链终端（数据链）等实时与战机、火炮进行信息交互，分波次对叙方进行火力打击，充分释放体系支撑力量。

3. 精准作战评估，动态调整打击

美军通过制信息权获取敌情态势后，根据叙方部队兵力数量、集结位置、开进方向、布局态势，评估预判叙方作战企图，把握作战时机。其中，基于陆军全球指挥控制系统统筹评估决策，确定作战时机、参与任务空地力量以及打击方案是此次作战取得胜利的一个重要原因。在打击过程中，地面特遣队、空中无人机利用联合作战指挥平台、未来指挥所等系统，实时评估打击效果，调整打击方案，为作战目的达成发挥了重要作用。

5.2 萨德尔城之战

5.2.1 案例简述

在2008年的伊拉克战场，美军为夺取萨德尔城控制权，进行了长达一年的系列作战行动。萨德尔城位于伊拉克首都巴格达东北部，人口约240万，在伊拉克战争爆发后，形成各种势力交织、社会动荡的复杂局面，主要由地方武装迈赫迪军控制。2008年初，迈赫迪军与伊拉克政府关系破裂，开始攻击伊拉克安全部队和驻伊美军部队，成为当地反美军的主要力量。

萨德尔城由阿尔库大街（美军称为黄金路）分割为伊施比利亚、哈比比亚与萨德尔城区三个区，如图5-4所示。迈赫迪军隐藏于萨德尔城，主要经济来源和物资供给位于伊施比利亚。美军及其多国部队营地位于"绿区"。伊拉克安全部队出于安抚国内反美军情绪，禁止美军进入萨德尔城区作战，作战区域主要位于黄金路以南的伊施比利亚和哈比比亚区。

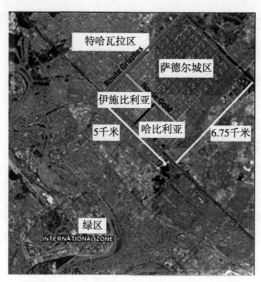

图5-4 萨德尔城区与绿区分布

2008年3月23日,迈赫迪军对伊拉克安全部队阵地发动袭击,并对"绿区"发动火箭弹袭击,萨德尔城之战第一阶段开始。由于迈赫迪军发动袭击突然,战前准备充分、熟悉地形、情报搜集能力强,采取越过黄金路打击、退回萨德尔城区躲避的战术,让伊拉克军警与美军军队疲于应付。而后美军采取"黄金墙行动",沿黄金路修筑隔离墙,萨德尔城之战第二阶段就此展开。隔离墙能有效阻止迈赫迪军跨过黄金路实施袭击,并切断其从伊施比利亚获取补给。而且,黄金路附近较为开阔,便于美军利用无人机实施空中侦察,发挥信息系统作战功能,随着隔离墙不断拓展,迈赫迪军压力逐步增大,被迫放弃有利地形,主动进攻破坏隔离墙,最终导致重大损失。5月20日,伊拉克安全部队进入萨德尔城区,获得了萨德尔城控制权。第三阶段,美军进一步清缴迈赫迪军,打击其他潜在威胁，开始重建城内基础设施，于2009年3月，退出作战地域。

下面以萨德尔城之战中第二阶段美军作战实施为例，剖析美军如何依托指挥信息系统取得作战行动优势。

5.2.2 作战编成

1.指挥关系

2008年3月，美军第4机步师第3旅战斗队进驻萨德尔城，开设旅战术行动中心，它是本次作战行动的最高指挥机构。按照任务式指挥要求，该旅战术行动中心具备充分的行动自由和自主决策权，拥有空中作战力量指挥权。针对迈赫迪军突然发起袭击的特点，旅以下部队采用分散指挥的方式，敏感目标打击决策权下放至一线营、连级指挥人员。

2.力量编成

2008年3月，美军第4机步师第3旅战斗队进驻萨德尔城，战斗队由多军兵种混合编成，具体包括第6步兵团1营、第68装甲团第1合成营、第2"斯特赖克"骑兵装甲团第1中队、第64旅保障营、第3特种营、第237工兵连、第62军械连、第404民事营C连、第1170战术心理战分队、2架加装"地狱火"导弹的"捕食者"无人机、2架陆军"影子"无人机、6架"阿帕奇"武装直升机和其他近距离空中支援固定翼飞机。伊拉克安全部队、当地警察驻扎在萨德尔城区附近，主要执行安全检查任务，未参与机动作战。盟军部队驻扎于"绿区",分散于巴格达其他区域,未参与此次作战行动。

3. 迈赫迪军力量

迈赫迪军是一支带有宗教势力色彩的民兵组织,截至2003年初,规模大于3000人,长期受伊朗革命卫队、黎巴嫩真主党等外部势力支持,获得了发展壮大的资金、武器与必要训练,拥有120毫米迫击炮、俄制SA-7单兵防空导弹与火箭弹等攻击武器,擅长城市伏击与狙击,多次发射火箭弹袭击美军阵地与"绿区",成为对美军的首要威胁。

5.2.3 系统构成

1. 旅战术行动中心系统构成

美军此次作战以陆空联合为主,由第4机步师第3旅开设旅战术行动中心负责一线部分队指挥。第4机步师是美军数字化试点部队,指挥信息系统配备齐全。旅战术行动中心系统由陆军作战指挥系统6.4(ABCS 6.4)、未来指挥所(CPOF)构成,所属子系统包括21世纪旅及旅以下部队作战指挥系统(FBCB^2)、机动控制系统(MCS)、防空反导计划控制系统(AMDPCS)、战术情报地面报告系统(TIGR)、战斗勤务支援控制系统(CSSCS)、战场指挥与勤务支援系统(BCS^3),实现对各作战营、连以及战斗队的指挥;陆军作战指挥系统6.4通过与陆军全球指挥控制系统和全球作战联合支持系统的接口,对接空中战役侦察与打击平台,支持旅指挥员对察打一体无人机、攻击直升机、固定翼飞机的直接指挥。

2. 任务分队指挥所系统构成

各营、连级作战分队开设任务分队指挥所,部署21世纪旅及旅以下部队作战指挥系统"奈特勇士"、高级野战炮兵战术数据系统(AFATDS)等。

3. 侦察系统构成

由空军"捕食者"无人机、陆军"影子"无人机、"乌鸦"飞艇等构成空中侦察平台,通过引接上级卫星、"全球鹰"无人机信息获取战略、战役级情报信息,通过特战小组抵近侦察收集获取重点目标情报信息。运用持续监视及分发系统,汇总各类情报信息,由全源情报分析系统分析形成情报产品,形成完善的侦察体系(图5-5~图5-7)。

图5-5 MQ-1"捕食者"无人机和陆军RQ-7B"影子"无人机

图 5-6　飞艇、雷达塔

图 5-7　持续监视及分发系统界面

5.2.4　作战实施

2008年4月15日,美军实施"黄金墙行动",标志着萨德尔城之战的第二阶段开始(图5-8)。根据作战方式,可细分为三个环节:一是美军夜间修墙。由于美军在白天无法应对迈赫迪军的袭扰,凭借夜视仪等装备优势获得制夜权,利用夜晚修建隔离墙。而迈赫迪军利用白天埋设爆炸物、实施破坏,严重滞后美军修建隔离墙行动。二是美军昼夜修墙。为加快推进隔离墙修建进度,美军被迫昼夜兼程加快修建隔离墙,此时,迈赫迪军狙击手严重威胁美军,对美军造成巨大震慑和心理压力。三是迈赫迪军试图强行阻止修墙。随着隔离墙不断拓展,迈赫迪军面临补给中断威胁,开始不惜一切代价阻止筑墙行动,不惜放弃有利地势、暴露在美军火力打击之下,主动出击、以弱击强,大量中层骨干和武装人员死亡,伤亡人数不断上升,抵抗能力日益减弱,丧失主动权。

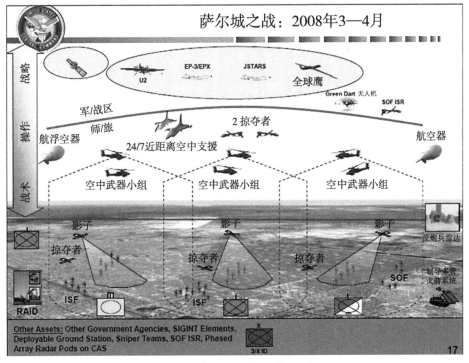

图5-8 萨德尔城之战示意图

在此过程中，为配合"黄金路"控制权，美军根据情报，针对迈赫迪军高层领导，运用战术情报地面报告系统（TIGR），采用空地精确打击与特战突袭相结合，实施精准"斩首"，同时通过网络、电视媒体发起针对迈赫迪军领导人的舆论战、心理战，瓦解其作战意志。另外，美军在"黄金路"以南作战区域，开展重建与民事支援行动，保护民众安全、恢复社会秩序、重建基础设施、提供医疗服务，与迈赫迪军争夺民意，进一步收集获取情报。

5月21日，迈赫迪军在损失了数百名武装人员、战斗力严重削弱的情况下，宣布停火，伊拉克安全部队进入萨德尔城区，取得城区控制权。萨德尔城之战第二阶段结束。

5.2.5　运用效果

一是指挥通信链路直达末端，指控链、协同链运行顺畅，支撑了战术末端态势感知、指挥控制、协同作战能力。在此次作战行动中，美军综合运用通信网络，将指挥信息系统贯通旅、营、连三级，纵向一体联动、横向互联互通，打通了指挥控制链和作战协同链，实现各级之间共享情报信息、同步感知战场态势、下定作战决心、实现同级之间自主协同。利用"奈特勇士"系统，旅长通过加密聊天软件和互联网协议路由器向营连指挥人员下达加密信息和指令。直达战术末端的指挥通信链路增强了各级战场态势感知能力，指挥效能显著提高，为美军应对迈赫迪军突然袭击发挥了重要作用。

二是多种手段并举,构建空地一体立体情报网,形成具有较强能力的战术级情报链。萨德尔城地势平坦,建筑多为三层以下低矮密集建筑,道路呈网格状分布,城区内多为狭窄道路,不利于武装侦察车行动,但便于空中侦察监视和打击。美军充分利用"捕食者""影子""乌鸦"等多型号无人机,协同特战人员抵近侦察,引接上级卫星和"全球鹰"无人机,构建了高中低贯通、远中近衔接、战略战术融合的立体情报网。在此基础上,战术行动中心利用持续监视及分发系统整编融合多源情报信息后,向战术分队分发情报信息,为战术部队制定作战行动计划、实施精准打击、处置突发情况等,提供了重要的情报支撑。

三是依托指挥信息系统,缩短"决策—行动"周期,有效发挥打击链效能。在萨德尔城之战第一阶段,由于迈赫迪军突然发起攻击,美军部队指挥信息系统展开不完善,情报汇集后处理分发不畅,美军第一阶段较为被动。第二阶段开始后,"黄金路行动"以构筑隔离墙为中心,吸引迈赫迪军主动进攻,通过下放空军无人机指挥权限到旅行动中心,依托指挥信息系统对接空军攻击无人机指挥系统,可直接根据需要指挥无人机打击作战目标,充分释放作战效能,大幅缩短"决策—行动"链路,降低作战决策到作战行动的时间延迟,使得火力打击效率极大提升,是最终取得胜利的重要因素之一。

5.3 "落锤行动"

5.3.1 案例简述

2011年6月,美军在阿富汗库纳尔(Kunar)省瓦塔普尔(Watapur)山谷发起"落锤行动"(Operation HAMMER DOWN),这是2001年以来该地区的一次最大规模作战行动。经过前面十年的交锋,反美武装越打越强,实力不断壮大,经验更加丰富,对美军技战术特点了如指掌。美军则进退失据、陷入困境。"落锤行动"既是这一困境的真实写照,也是美军在阿富汗陷入战争泥潭的缩影。但是,在这次作战行动中,美军体系作战,信息制胜、联合制胜,仍然充分显示了先进指挥信息系统的优势,以及基于先进指挥信息系统的陆空联合作战优势。

5.3.2 作战编成

美军以陆军第25步兵师第3旅战斗队第35步兵团2营为主组建"凯克提"(Cacti)特遣队,主要负责区域为阿富汗库纳尔省南部以及佩赫(Pech)山谷,其中便包含了本次作战行动地点瓦塔普尔山谷。"落锤行动"作战方案的制定、作战计划的拟制,以及具体作战行动主要由"凯克提"特遣队实施,并利用空地作战系统协调空军作战力量参战。

1. 指挥关系

阿富汗战争期间，美军指挥机构经历了多次调整，自2002年5月起，美军在阿富汗境内设立了联合特遣司令部等中间指挥机构，强化了阿富汗战场的作战指挥控制。自2008年10月起，美军依托中央司令部专门组建了驻阿富汗司令部，为本次作战行动的最高指挥机构，但并未直接参与此次作战行动的作战指挥。

战区司令通过下属联合司令部、联合特遣部队、军种部队司令部、职能部队司令部行使指挥权，如图5-9所示。下属联合司令部、联合特遣部队、职能部队根据需要进行设置，并非常态化编制。"凯克提"特遣队属于陆军营级特遣队，于2011年4月部署到阿富汗，是本次作战行动的直接实施者，它的直接上级领导机构为陆军第25步兵师第3旅战斗队 ["布朗科"（Bronco）特遣队] 指挥所，作战中期派出了旅直属作战分队"聚焦目标力量"（FTF）提供支援。此次作战行动的作战方案由"凯克提"特遣队制定并提交"布朗科"特遣队批准。

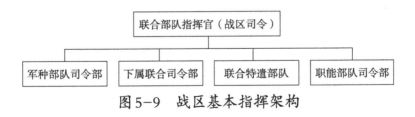

图5-9 战区基本指挥架构

2. 力量编成

"凯克提"特遣队，编组为3个连级战斗分队，各连均辖2个步枪排、1个武器排和1个加强排（拆分自2营C连）。

武器排配备改进型目标获取系统、"标枪"近距战斗导弹、反坦克导弹、40毫米榴弹发射器和12.7毫米重机枪。特遣队还得到旅属"聚焦目标力量"（FTF）和侦察排的支援，另有3个步兵连作为预备队。此外，美军还与阿富汗政府军混合编组、共同行动，阿富汗政府军主要执行目标地域内村落和建筑物的搜排和清剿任务。

作战行动计划中的大量兵力投送、近距离空中支援、医疗后送等陆空联合作战行动均依托美军强大的空地作战系统实施。其中，一是战术空军控制组（TACP），即实施陆空联合作战的末端机构，隶属空军，是空军派往陆军的联络分队，可配置于营、旅、师等陆军各级部队。战术空军控制组隶属空军部队却时刻陪伴陆军参加行动，承担着战场近距空中支援的任务。空中支援作战中心是战术空军控制组的上级机构，在作战中管理并控制战术空军控制组的运行。战术空军控制组包括空军联络官、联合终端攻击控制员，以及相关支援保障人员。空军联络官负责领导管理战术空军控制组，联合终端攻击控制员负责从前方阵地引导支援作战飞机对地面部队实施近距空中支援。二是信号情报侦察组（SIGINT），属于美国国家安全局（NSA）下属力量，配属至一线作战部队，提供反美武装电台侦听、位置侦察支持。

近距离空中支援是作战行动中常用且有效的空中支援行动，但实施近距离空中支援代价较大，需要详细的计划、具体的时间表，再加上气候和地形等因素影响，因此在行动中受到一定的限制。

5.3.3 系统构成

1. 陆空联合作战信息系统

各类指挥信息系统的组合使用是美军实现高效陆空联合作战的物质技术基础。其中，"21世纪旅及旅以下部队作战指挥系统/蓝军跟踪系统"（$FBCB^2$/BFT），能够实时地获取作战飞机和其他地面作战平台的位置和身份信息，从而有助于提高指挥控制和态势感知能力，以减少误伤，加强协调；"战术空域综合系统"（TAIS），能够跟踪战场上空飞机和分发空域控制措施，很好地完成空域控制措施的输入和分发；"自动化纵深作战协调系统"（JADOCS），能够传送目标数据和火力攻击效果图，利用Excel电子数据表向空军提交空中遮断目标，并利用该系统"限制目标图像库"中的图像，对目标原始坐标和"影响地点"坐标加以验证；"高级野战炮兵战术数据系统"（AFATDS），用于协调、控制和计划火力支援，批准有关火力支援申请，提高态势感知能力及火力的计划、执行效率。

前文所述战术空军控制组的个人通信装备分为两种：一种是卫星通信系统，可随时与空军联系；另一种是地面部队内部的通信系统，其特高频、超高频和高频的单兵电台能够与陆军的通信系统进行联网，可随时与地面部队交换信息。

2. 陆军战术通信系统

本次作战行动中陆军战术通信主要使用战斗网无线电系统，战斗网无线电系统是前线部队直接使用的陆军战术级通信系统，主要包括单信道地面和机载无线电系统（SINCGARS）、改进型高频通信系统、单信道战术卫星通信系统。

单信道地面和机载无线电系统是美国陆军师以下部队，尤其是前线步兵旅（营、连）、装甲兵和炮兵部队从旅到排各级的主要通信手段。在师、军级地域范围内，该系统可为战斗、战斗支援及战斗勤务支援的指挥和控制提供通信手段。指挥员通过该系统下达射击和空中支援命令，向上级请求再补给及接收上级下达的任务。此外，该系统还有助于友邻部队之间的协同作战。

改进型高频通信系统主要配置到陆军的军、师、旅各梯队，以及海军陆战队等部队。

单信道战术卫星通信系统主要为特种部队、别动队、海军陆战队等高机动的小规模部队提供密话和数据通信。

5.3.4 作战实施

1. 作战方案

由于山高路险，美军使用CH-47"支奴干"（Chinook）直升机通过空中机动方式投送兵力。在2002—2011年大大小小的各类作战行动中，美军发现并使用了多个成熟着陆点，但在此次作战行动准备阶段，美军为了达到出奇制胜的效果，决定使用多个新着陆点，如图5-10所示，主要依靠卫星情报侦察系统获取的图片搜索选定新着陆点，而未进行现地侦察，造成行动开始后才发现多个着陆点实际无法使用，被迫临时改变作战计划，同时这也为CH-47"支奴干"直升机失事埋下伏笔。

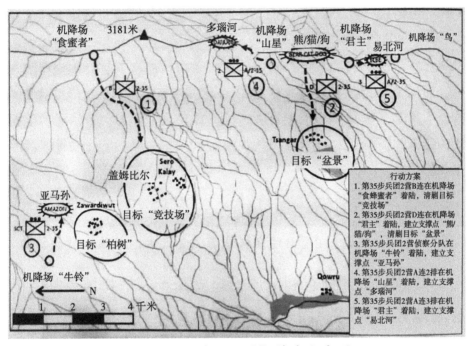

图5-10 "落锤行动"作战方案图

2. 初始阶段

6月24日晚，行动开始。各分队乘直升机在目标地域（被反美武装用作训练营地的盖姆比尔村和赛若卡雷（Sero Kalay）村）东侧山脊线选择有利地形实施机降，其中经历多次反复，多个原计划机降点在准备降落时才发现不可用。选择其他机降点着陆后，各作战分队分头向原计划作战地域机动。第35步兵团2营B连担任主攻,在山脊机降着陆后徒步下山对目标地域展开清剿行动(图5-11、图5-12)。

图5-11 第35兵团2营B连在机降场"食蜜者"着陆后准备行动

其他分队选择有利地形构建支撑点,依托居高临下的有利地势为第35兵团2营B连提供火力支援和掩护,同时切断反美武装进入山谷的通道。

美军开始机动后才发现,实际情况与作战方案的设想相去甚远,地形复杂程度远超预期。坡陡林密、乱石丛生,美军行进艰难,出现非战斗减员现象。

6月25日,2:00,A连3排发现预定机降场"君主"(Monarch)不可用,转而降落到了机降场"三宝鸟"(Dollar Bird)。3排着陆后,通过战斗网无线电系统收到后方指挥所营作训参谋(S3)赖特(Wright)少校的实时情报侦察监视（ISR）系统的情报信息，称3排着陆点到计划支撑点的机动路线上无敌情，因此借助夜视优势立即展开机动，提高了作战效率。

图5-12　6月25日B连向盖姆比尔村机动途中

6：30，D连机动过程中发现一名阿富汗小男孩，怀疑其为敌方侦察兵，未能追捕成功，小男孩利用地形掩护迅速逃离。很快，低级语音侦听组（LLVI）截获敌方电台通信，称已发现D连机动路线，准备伏击D连。D连当机立断，停止机动，构建临时作战阵地，防止不必要的损失，D连也因此推迟到11：00才到达预定支撑点，但无人员伤亡。

B连机动过程中两次遭到伏击，但B连配备了联合战术空中管制员（JTAC），方便第一时间召唤空中支援。第一次是上午，B连2排在向目标地域机动途中遇袭，是这次战斗行动中首次接敌，连指挥人员立即呼叫"阿帕奇"（Apache）直升机提供火力支援。由于植被茂密且交战双方距离过近，直升机被火力误伤。实施救援任务的"黑鹰"（Blackhawk）直升机在撤离伤员时遭火箭弹袭击，险些被击落。第二次是下午，该连机动至距目标约1千米处时遭伏击。大约13：00，B连连长收到电台侦听情报，发现附近有反美武装活动，几乎同时，反美武装成功避开美军电台侦听、热敏侦察等先进的侦察器材监测，从北、南、西三面围攻B连1排，形成交叉火网。1排电台操作员（RTO）在电台呼叫中惊呼："反美武装来自四面八方！我们不知道他们从哪里向我们射击！"短短几分钟内，美军排长阵亡，连长和火力支援官受伤。美军立刻组织反击，然而反美武装精心构设的阵地十分隐蔽，令美军难以精确定位和实施打击。在激战中，美军"奇奥瓦勇士"（Kiowa Warrior）直升机险些再次造成误伤。反美武装作战顽强，在美军强大空地火力打击下坚持战斗，令美军寸步难行。直到夜幕降临，反美武装因缺乏夜战能力退出战斗，美军得以喘息。

侦察排被困在支撑点，利用地形努力隐藏自己的位置，因为他们怀疑早晨看到的牧羊人已经发现了自己的位置，但是随后低级话音侦听组（LLVI）的侦听结果显示，敌方并未发现他们的准确位置。12：30，"黑鹰"直升机试图将东部战区副司令、准将盖理·沃里斯盖（Gary

Volesky）和二营指挥人员塔里（Tuley）中校运送到侦察排所在"印度河"（Indus）支撑点，却因安全问题着陆失败后离开，但该行为暴露了侦察排的位置，低级话音侦听组的侦听显示敌方已完全掌握了侦察排的位置信息，随后侦察排遭到了敌方攻击，至此敌方获取了"凯克提"特遣队所有单位的位置。13：00—15：00反美武装发起一轮大规模攻击，特遣队所有单位遭到了攻击。

山脊线上美军各支撑点均遭袭击。14：30，反美武装向"印度河"支撑点发起攻击，迅速被侦察排和阿政府军击退，侦察排联合战术空中管制员（JTAC）立即召唤近距离空中支援（CAS）对反美武装撤离路线实施打击。13：00，反美武装利用灌木、峡谷、密林为掩护，对D连所在的"熊/狗/猫"（Bear-Cat-Dog）支撑点发起了长达45分钟的猛烈攻击，D连在反击的同时，召唤OH-58D"奇奥瓦勇士"提供空中火力支援；反美武装试图在联军火力正面集结，D连又再次召唤了两次近距离空中支援（CAS）迫使反美武装撤出战斗。

情报部门通过低级话音侦听组和其他侦察手段发现，反美武装在作战过程中并未进行协同，他们使用同样的战术，用大量火箭炮开始作战，火箭炮虽然不能对美军造成实质性伤害，但在美军震惊和慌乱中，反美武装步兵可实施有效的瞄准和射击。

作战过程中，一架运送预备队的CH-47"支奴干"直升机遭遇强气流坠毁，为防止反美武装像"黑鹰坠落"事件，以及伊拉克、阿富汗相似事件一样用坠毁直升机进行宣传，也害怕直升机上的敏感电子信息设备被反美武装窃取，B连留在直升机失事地点守卫，等待专业处理小队前来处理（图5-13）。

图5-13 "支奴干"失事现场

综观首日战斗，美军出师不利：地形复杂程度超乎预期，被迫几次更改作战方案；主力B连两次遭伏击，部队伤亡严重，迫使美军动用预备队；运送预备队的直升机坠毁，导致多人重伤。

3.拉锯阶段

6月26日，B连在目标地域附近建立支撑点，抗敌袭扰。凌晨，2名反美武装分子试图借夜色掩护靠近支撑点，被美军热敏侦察设备发现后击杀。D连机动过程中,反美武装活动增多,电台侦听情报显示反美武装正在策划对D连的攻击,但一直等待了几小时,攻击也没有发生。侦察排携带的稳像双筒望远镜、远距离热成像仪等高科技设备,极大增强了美军对周围复杂地形的侦察能力,12:00,美军利用这些设备发现了5名反美武装分子向支撑点"印度河"靠近,侦察排联合战术空中管制员(JTAC)呼叫近距离空中支援(CAS)对其实施打击,至少2名反美武装分子被当场打死(图5-14)。

图5-14 6月25日,B连在行进过程中看到的盖姆比尔

A连通过低级话音侦听组侦听,得知8名反美武装分子携带火箭炮在支撑点"多瑙河"(Danube)西部移动,于是派出一个班向山下机动,准备对其进行伏击,但反美

武装始终未出现，后来D连的加强排（C连1排）在支撑点"猫"（Cat）附近发现了2组共8名反美武装分子，可能正是他们。D连加强排（C连1排）在对支撑点"猫"附近展开进攻时，电台操作员（RTO）试图申请OH-58D"奇奥瓦勇士"提供空中火力支援，但当时并无可用的"奇奥瓦勇士"。后经过激战，一名专业军士受伤严重，抢救无效死亡，战后发现2具反美武装分子尸体，缴获敌电话本一本，含几十名反美武装分子信息，其余反美武装逃向西部和西南部的山顶。后在A连3排的引导下，支援的"奇奥瓦勇士"成功击杀2名反美武装分子。基于当时的交战情况，营作训参谋（S3）赖特（Wright）少校在后方战术指挥所发布命令，要求A连3排原地驻守，停止向支撑点"多瑙河"机动。

因美军各分队均已机动离开着陆点，但清剿行动未能按原计划完成，美军后勤补给出现困难，准备启用小型固定翼运输机加强补给能力，但此类运输机并没有像其他直升机一样可以直接与地面通信的信息化手段，导致地面无法直接引导运输机投放物资，投放测试中物资偏离目标500多米无法取回，加上晚上出现大雾天气无法尝试投放，美军供给问题现实而严峻。

27日，美军各处支撑点不断遭到袭击。反美武装巧妙利用地形隐蔽伪装、秘密机动，多次逼近至距美军阵地不到30米处。凌晨，反美武装借助大雾对"印度河"支撑点发起攻击，美军将其击退后，召唤近距离空中支援对其实施打击。下午，反美武装向侦察排发起攻击，美军将其击退后，侦察排凯林斯（Kerins）上尉召唤空中打击力量对反美武装撤退路线进行打击，打死多名反美武装分子，随后两名军士又居高临下发现了1500米外两名反美武装分子的藏身地，凯林斯（Kerins）上尉召唤了一次155毫米榴弹炮攻击，紧接着F-15战斗机飞临上空对反美武装进行进一步压制。反美武装在早晨和下午2次攻击了着陆点"食蜜者"（Honey Eater），战斗异常激烈，反美武装投入大量兵力，在早晨的战斗中，联合战术空中管制员（JTAC）军士长克里斯多夫·拜尔斯多夫（Christopher Beversdorf）多次召唤了空中支援，经过90分钟激战，才迫使反美武装撤退。营指挥人员逐渐意识到，着陆点"食蜜者"是反美武装进出"瓦塔普尔"峡谷的主要通道，附近肯定聚集了大量反美武装。侦察排凯林斯（Kerins）上尉通过指挥信息系统收到后方指挥所二营指挥人员塔里（Tuley）中校的命令，从"印度河"支撑点向着陆点"食蜜者"进发，以加强那里的防御。反美武装一直利用当地民房为掩护，对美军展开攻击，美军因纪律要求不能对未查明的民用设施实施攻击，作战一度被动，但B连对一处反美武装隐藏的民房实施抵近侦察，确认无平民后，使用M320 40毫米榴弹和轻型反坦克火箭弹实施攻击，让反美武装非常意外，电台侦听中听到反美武装抱怨："我们哪儿也不敢去了，他们直接射杀我们。"

面对严酷的战斗形势，美军决定启用预备队，27日，预备队27团2营B连最先到达"前方指挥基地乔伊斯"（FOB Joyce），从"坠落飞机处理小队"（DART）指挥员上尉大卫·菲茨杰拉德（David Fitzgerald）那里获得了目标区域支撑点"浑蛋"（Bastard）的坐标和卫星图像等信息，而后27团2营B连指挥人员科尔顿（Kolton）上尉，与因扭伤被迫撤出战斗的第35步兵团（35团）2营B连指挥人员休斯（Hughes）上尉会面，进一步全面了解战场情况。

严酷环境和持续激战导致美军的饮水、食品和弹药迅速消耗殆尽，而复杂地形和恶劣天气又导致运输直升机无法进行补给，美军被迫只能使用固定翼飞机投送补给，但是飞行速度过快和高度过高导致空投物资远离美军阵地，A连通过电台侦听得知，一个投放偏离2千米的给养被叛军找到。在战斗中，补给极度匮乏几乎导致美军行动失败。

28日，B连3排在向支撑点"浑蛋"机动的过程中，通过电台侦听得知反美武装已经发现他们的机动路线并准备攻击，B连军士长（1SG）德·莱莫斯（De Lemos）申请"阿帕奇"直升机护送，AC-130攻击机也在头顶盘旋提供空中火力支援，反美武装全程未能发起攻击。D连在28日获得巨大战果，D连联合战术空中管制员（JTAC）、联合火力观察员（JFO）发现反美武装使用的一条小路，召唤近距离空中支援和火炮，击杀大量反美武装分子，威胁剩余反美武装不敢再使用这条小路。

4.清剿阶段

29日，美阿联军经过激战终于到达目标地域并展开清剿行动，各支撑点仍然战斗不断。一组反美武装攻击了支撑点"面包师"（Baker），激战中，美军召唤近距离空中支援击溃反美武装。支撑点"浑蛋"受到反美武装的零星袭扰，主要是反美武装狙击手，美军用M320榴弹炮回击，并召唤近距离空中支援彻底击退了这些狙击手。美军到达清剿地点时，反美武装主力已经撤离并带走了各种有价值的资料，美军缴获甚少。在清剿过程中，通过电台侦听得知，反美武装也在观察美军的清剿行动，但出于对美军火力的忌惮而无法干预。

清晨，"坠落飞机处理小队"一行5人到达着陆点"食蜜者"，开始拆除坠毁直升机的通信、激光制导等设备，整个过程耗费几小时，并持续发出巨大噪声。侦察排在周围利用低级语音侦听组设备和加强型光学侦察设备提供警戒，通过电台侦听得知，反美武装意识到美军有直升机失事，召集大量兵力准备抢夺残骸，并准备使用威力巨大的大型自制火箭弹。抢夺战斗开始后，发射了这种火箭弹，但这种火箭弹无瞄准装置，发射后在美军军士50米处爆炸，未对美军造成任何伤害。整场战斗反美武装对美军的攻击几乎没有任何效果，美军给予强力反击，并在战斗中共计召唤15次近距离空中支援，成功击退了反美武装。战斗结束后，准将盖理·沃里斯盖（Gary Volesky）乘坐直升机短暂着陆探访了着陆点"食蜜者"，又一次招来大量反美武装的攻击，旅"聚焦目标力量"（FTF）指挥人员布卢姆（Bluhm）上尉再次协调多次近距离空中支援以击退反美武装。下午，支撑点"狗"（Dog）受到反美武装攻击，D连在战斗中召唤155毫米火炮支援，以打击反美武装使用的小路和进攻阵地，然后又召唤多次近距离空中支援以击退反美武装。

5.撤离阶段

美军完成对目标地域的清剿后准备乘直升机撤离。然而，复杂地形和恶劣天气相叠加，导致直升机无法在预定地点着陆，第一次撤离行动失败。美军不得不在阴冷潮湿的山上继续坚守，军心士气受挫。

30日天气转好，地面部队成功清除了阻碍直升机着陆的障碍物，美军得以乘机分批撤离。其间，反美武装以小群多路"蜂群攻击"的形式多次袭击美军，迟滞了美军撤离进程。通过电台侦听得知，反美武装难以持续进行超过两三天的战斗，例如，由于战斗开始前2天的消耗，A连、D连面对的反美武装后来已难以组织起有效攻击。2天后，A连仅受到一次反美武装三人小队的袭扰，派出攻击小队迎敌时，反美武装小队避战逃离，A连指挥人员（heiliger）上尉召唤"阿帕奇"直升机火力支援，成功击杀敌三人小队，此后，A连再未受到任何攻击。

在撤离过程中，美军又对失事的CH-47"支奴干"直升机残骸进行了处理，先用磷榴弹烧一遍，又召唤F-15战斗机对残骸投掷了多枚炸弹，以确保万无一失。

22：30，D连最后一批军队撤离机降场"君主"之前，联合战术空中管制员（JTAC）召唤近距离空中支援（CAS）对机降场附近的一小股反美武装最后实施了一次攻击。

7月1日午夜，美军所有军队完成撤离。

5.3.5 运用效果

"落锤行动"是2001年阿富汗战争爆发以来美军主导的联军部队在该地区作战行动的顶点。在此次作战中，交战双方攻守移位，反美武装主动出击、先发制人，迫使美军由山地进攻、搜索清剿转为阵地防御、抗敌袭扰，行动时间由原计划的48小时延长至7天。

在此次作战中，面对天气和地形等不利因素以及享有本土作战优势的反美武装，美军最终能够成功完成任务、实现预定目标并非偶然，其作战特点诠释了山地作战克敌制胜的机理。

1. 情报主导是美军克敌制胜的首要前提

在阿富汗战场，面对自然与人为双重因素叠加造成的"战争迷雾"，美军高度重视战场情报，作战全过程坚持情报先行、情报引领作战，最大限度减少了战场阻力与摩擦。

一是战前情报准备充分。"凯克提"特遣队梳理了2002年以来美军在该地区各轮驻部队的事后总结报告，吸取了美军多年来积累的战场经验教训，认真研究了当地敌情、地形、民情和社情等重要情报信息，作为决策依据，坚持以情报为中心定下决心、制定方案。

二是采取每一步行动前坚持情报先行。在夺控山脊线上有利地形、实施机降前，美军预先实施战场侦察，且高度重视侦察行动的安全保密。为避免打草惊蛇、引起敌人警觉，美军没有出动侦察飞机进行航空侦察，而是采取航天侦察，即通过卫星侦察和图像判读的方式获取情报，作为行动先导。机降着陆后，美军先通过营属情报侦察监视平台确认相关地域没有敌人活动迹象，然后才从着陆地域向预定地域实施机动。

三是作战全程坚持情报主导。此次作战，美军坚持以情报为主导展开行动，有效减少了作战过程中的不确定因素。其中低空声音截听设备从始至终都发挥了重要作用，增强了美军战场态势感知能力，为下一步行动提供了预警，有效弥补了人力情报的不足。在战场上美军借助该设备多次监听到敌人重要通话内容，获悉敌人动向进而成功挫败敌人大规模偷袭的企图，还从中获悉敌人伤亡情况，为作战效果评估提供了可靠依据。

2.联合作战是美军克敌制胜的关键因素

美军历来强调无联不战、无战不联，此次作战体现了美军联合山地作战的具体做法和主要特点。

一是作战编组在战术级分队深度联合，具备多能化和模块化特征。联合战术空中控制员和联合火力观察员直接嵌入连排级战斗分队，可直接召唤和引导空地火力进行精确打击。美军非对称作战中心的官兵作为观察员编入各战斗分队，以加强常规部队的非正规作战能力。美军各战斗分队均与阿富汗政府军混合编组、共同行动。美军各分队均得到相同规模阿军战斗分队的配属，同时美军特种部队军官作为军事顾问嵌入阿军突击队指导其行动。担任主攻任务的第35步兵团2营B连还配有一个女子接触小组，在清剿行动中专门负责当地妇女工作（图5-15）。此外，该连还配有迫击炮组、工兵组和战斗摄像组。这种编组方式体现出美军联合作战中参战力量多元、执行任务多样和作战能力多能等特征，满足全谱作战需求。模块化特征体现在美军特遣队实行标准化、通用化编组，各连级战斗分队编配人数和武器装备相同，作战能力相当，在战斗中可根据形势变化和任务需求任意拆分组合而不减损战斗力。

图5-15　B连防守支撑点

二是作战方式实现空地一体、立体作战。以陆军为主组建的"凯克提"特遣队体现了"飞行陆军"立体作战的特点，兵力输送、火力打击、战场救援和战后撤离等各环节均通过空中机动和立体突击方式实现。空地协同、一体联动贯穿作战全过程和各领域，成为美军克敌制胜之要。美军以立体攻防对抗敌人平面作战，以"飞行陆军"对抗敌人地面步兵，非对称优势明显。在火力打击方面，地面侦察分队发现并定位目标后，嵌入式联合战术空中控制员和联合火力观察员直接呼叫并引导空地联合火力打击，打击结束后地面侦察分队第一时间评估打击效果。有效的联合火力打击有力支撑美军在激战中多次扭转劣势、击退敌人。在后勤保障方面，保障水平直接决定着这次作战的成败。在复杂山地作战，美军完全依靠空中力量进行物资补给和伤员撤离，根据战场情况和任务需求先后动用UH-60"黑鹰"直升机、CH-47"支奴干"直升机、C-23"雪帕"（Sherpa）运输机和C-130"大力神"（Hercules）运输机等各型飞机，克服各种困难完成了繁重的保障任务。在一次作战行动中，营级特遣队动用如此多型号和架次的飞机，展示了美军较强的空中运输和机动能力，体现了作战部队与保障部队之间较高的协同水平，反映出美军联合作战在末端落实的程度。

三是作战行动以联合训练为牵引，实现战训一致。联战必联训，实战必实训。战前，美军贴近战场实景构设训练环境，根据作战任务编组训练，这种做法使"落锤行动"在一定程度上成为战前演训的一次翻版,实现了"按实战要求训练,按平时训练去实战"的效果,训练与实战达到一体化。部署到阿富汗之前,美军第35步兵团2营在欧文堡国家训练中心等训练基地采取与此次作战完全相同的作战编组进行联合训练和实兵演习,确保了分队内部官兵之间、各分队之间和各军种之间相互熟悉,积累了丰富的合作经验。美军还到落基山脉和阿迪朗达克山脉等近似战场环境的山区多次进行联合演训,以至于官兵走进瓦塔普尔山谷时产生回到美国本土的感觉,减少了战场环境生疏感。在战场上,美军坚持"边作战边训练",把战场当作最好的训练场,在实战中训练队伍。在战场上,嵌入各战斗分队的非对称作战中心观察员随时纠正各种技战术问题,并直接加入战斗、亲自示范指导。美军特种部队嵌入式军事顾问全程伴随并指导阿军突击队行动,在搜剿反美武装训练营地前,利用战斗间歇对阿军进行针对性训练,指导其如何执行联合清剿任务并及时解决制约联军作战的各种障碍。

3. 先进技术是美军克敌制胜的重要支撑

一是美军凭借先进的侦察监视技术获得技术情报优势,弥补了人力情报匮乏的劣势,为战场上夺取先机提供有力支撑。美军侦察分队的远程热成像视频图像系统有效增强了对周围地形的监视能力。美军借助通信截听设备在战场上多次监听到敌人重要通话内容,进而成功挫败敌人企图、重新夺取战场主动权。

二是美军凭借先进的夜视器材取得夜战优势,实现了战场单向透明,进而反客为主、成功逆袭。美军尤其重视发展夜战武器装备和夜战能力,不但弥补了自身不善夜战的短板弱项,而且有效抵消了反美武装本土作战、熟悉地形的优势。

三是美军在战场上十分注重技术安全与保密,并采取严格的保密措施。CH-47"支奴干"直升机坠毁后,美军第一时间在事故现场附近建立警戒线,阻敌靠近、固守待援。而且美军还有专业的"坠落飞机处理小队"(DART),克服各种困难到达事故现场,拆除飞机内部的通信器材和激光追踪器等敏感设备,以免落入敌手。美军撤离战场前,专门派遣F-15战机将坠落直升机彻底炸毁、以绝后患。

5.4 "目标桃子"行动

5.4.1 案例简述

2003年4月2日至3日,第69装甲团第3特遣队攻占了幼发拉底河上的一座重要桥梁,即"目标桃子",并顶住了伊军的反攻。

在"自由伊拉克行动"的机动阶段,攻占"目标桃子"的案例体现了两种新技术对战场的影响,即蓝军跟踪系统和远程工程系统。本案例讲述了远程工程系统如何使部队更好地为夺取"目标桃子"的桥梁做准备,蓝军跟踪系统如何使部队指挥人员夺取桥梁、使其成为桥头堡并迅速转变为防守阵地。这次行动对于第5军迅速向巴格达推进十分重要。本案例清楚地表明,提高信息质量,提高信息共享、态势感知共享和协作能力可以提高自我协同能力及任务效率(图5-16)。

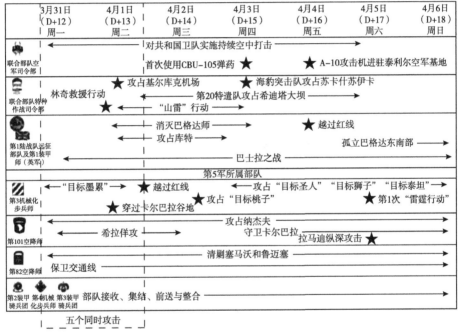

图 5-16　作战时间段

5.4.2　作战编成

1.伊军

2003年4月1日,在第5军作战区内的大多数伊军都部署到了幼发拉底河东岸的迪瓦尼耶(AdDiwaneyah)、希拉(AlHillah)、欣迪耶(AlHindiyah)附近,并一直延伸到纳西里耶以南，以应对第5军在3月31日同时发起的五个攻击行动。这些伊军包括共和国卫队的麦地那师、来自汉穆拉比师和尼布甲尼撒师的各个旅以及第11步兵师和第34步兵师的部队。伊军对美军五个同时进攻行动的反应是从北部增派援军并在白天重新部署部队，从而招致了美军联合火力的致命打击。但是，在美军第3机械化步兵师与巴格达之间仍有大量伊军。汉穆拉比师的主力部署在巴格达以西，此外还有许多其他部队在沿途防守并实施有限的机动和反攻。对共和国卫队和其他部队实施增援的部队主要来自萨达姆敢死队、游击队和其他伊准军事部队（图5-17、图5-18）。

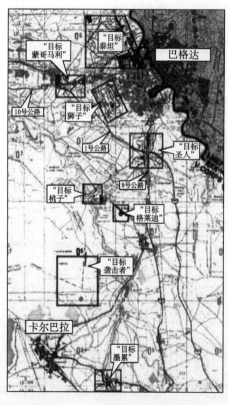 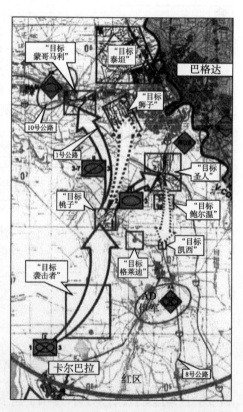

图5-17 巴格达附近目标　　图5-18 伊军在卡尔巴拉的部署情况

2. 美军

4月2日,美军第3机械化步兵师开始从卡尔巴拉谷地向幼发拉底河进发以攻占"目标桃子",然后进攻巴格达。第5军军长华莱士中将认为,必须快速而流畅地穿过卡尔巴拉谷地,然后直捣巴格达。他知道他们将突入敌人的"红区",如果伊军要使用生化武器、实施大规模反攻或炮击,那么这里就是他们最后的机会(图5-19)。

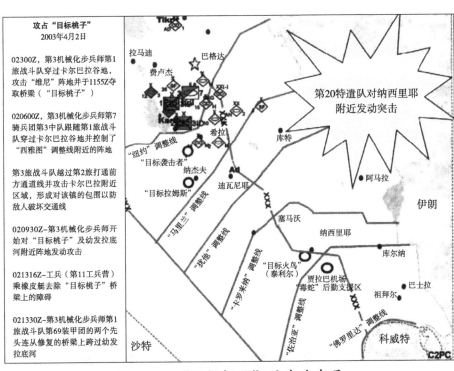

图5-19 "目标桃子"的战斗布局

幼发拉底河是第3机械化步兵师攻打巴格达的最后一道天然屏障。"目标桃子"是位于巴格达西北方向约30千米的一座桥梁,是攻占"目标狮子"(巴格达国际机场)和"目标圣人"(1号公路与8号公路交叉口)的最佳通道。第5军需要这座跨越幼发拉底河的四车道桥梁来推进地面作战部队和后勤保障部队。因此，完好无损地攻占"目标桃子"对第5军整个机动计划和快速向巴格达推进至关重要。如果伊军毁掉桥梁（图5-20），第5军只有在河上重新架桥。执行攻桥任务的是第3机械化步兵师的第1旅战斗队、第69装甲团第3特遣营，指挥人员是马尔康中校，绰号"岩石"。

图5-20 "目标桃子"桥梁的航测图

在此之前的3月25日，马尔康中校曾率领他的部队在纳杰夫以北的基夫尔（AlKifl）攻占过一座桥梁（"目标詹金斯"，图5-21）。当时，他的先头部队的三辆坦克在伊军彻底毁坏桥梁之前跨过了桥梁。幸好桥梁还能承受重型车辆。

图5-21 位于基夫尔的桥梁

工兵在攻占基夫尔的桥梁时学到很多知识。为旅战斗队提供支援的工兵还得到了第5军第54工兵营的支援。第54工兵营拥有"远程工程通信设备"(TCE),可通过安全卫星通信将有关桥梁的问题反馈到美国本土,让工程专家协助解决。本土专家在收到信息后便能确定桥梁的结构类型,对受到损坏的桥梁的承载能力进行评估并向第54工兵营提出临时修复建议。通过桥梁的破坏程度,工兵判断出了伊军所使用的炸药(德国造)以及伊军炸桥时惯用的战术、技术和程序。

5.4.3 系统构成

1. 21世纪旅及旅以下部队作战指挥系统-蓝军跟踪系统(FBCB^2/BFT)

蓝军跟踪系统是在"自由伊拉克行动"期间一种备受赞誉的指挥控制系统。从最低的战术层次到最高的战略层次，它为部队提供了前所未有的态势感知能力。

21世纪旅及旅以下部队作战指挥系统（FBCB^2）是一种数字化指挥控制系统，由硬件和软件组成，主要用于旅及旅以下部队。该系统可通过自动化指挥控制系统来满足作战指挥任务需求。它可与陆军联合指挥控制系统及其他战场传感器系统对接纵向和横向整合信息。通用作战态势图通过实时信息显示来获得态势感知，提供图像和覆盖图，可进行指挥控制信息交换。21世纪旅及旅以下部队作战指挥系统有两种型号，标准型FBCB^{2}为陆基系统，使用了"高级定位报告系统"（EPLRS），是"陆军作战指挥系统"研制程序的一部分。美军在"持久自由行动"和"自由伊拉克行动"期间使用的是21世纪旅及旅以下部队作战指挥系统/蓝军跟踪系统，这是一种在标准型号的基础上发展而来的、基于卫星的"21世纪旅及旅以下部队作战指挥系统/高级定位报告系统"（FBCB^2/EPLRS）。

标准型FBCB^2/EPLRS是一种用于旅及旅以下部队的数字化指挥控制系统，是陆军作战指挥系统数字化建设的一部分。FBCB^2/EPLRS于20世纪90年代中期研制成功，并在驻得克萨斯州胡德堡的第4步兵师和第1骑兵师进行试用，这两个师是美军的首支数字化部队。FBCB^2/EPLRS是陆基无线电视距通信系统，依靠密集系统来保持网络连接和提供通用作战态势图。对于极度分散的部队来说，其视距通信特点暴露出了局限性。高级定位报告系统采用了硬件加密方式，可用于保密和非保密信息处理，并能与陆军作战指挥系统对接。高级定位报告系统为用户提供了一整套实用工具，包括：导航和地图工具，轻型精确全球定位系统接收机自我定位设备，数字地形高度数据、点对点和环形地形分析工具，报告工具，电文传送工具等。

21世纪旅及旅以下部队作战指挥系统/蓝军跟踪系统突破了视距通信的局限性。BFT型号使用L波段卫星收发机，具备了超视距联通能力，无须通过密集系统来保持网络联通。由于带宽限制，BFT不能像EPLRS那样提供全套工具，但BFT也能提供相同的地图和导航工具、GPS、数字地形高度数据、地形分析工具及有限的电文和电子邮件发送能力。BFT不能与陆军作战指挥系统对接，因为它没有硬件加密通信结构，靠的是数字加密单向进入陆军全球指挥控制系统（GCCS-A）。这种单向进入可获得通用作战态势图并在加密的"全球指挥控制系统"网络内分发蓝军作战态势图。所有装备了$FBCB^2$/BFT的联网平台都能接收其他BFT系统的位置数据（图5-22）。它能从广泛分散的图示中分辨出部队位置，很适用于特种作战部队。所产生的通用作战态势图是近实时的蓝军态势图（图5-23、图5-24）。每隔5分钟或地面车辆每移动800米、飞机移动2300米时，BFT就更新一次数据。

2. 远程工程系统

在具备"远程工程"能力之前，前方工兵只能依靠他们的个人知识、经验和手头的参考资料来完成所有工程任务。

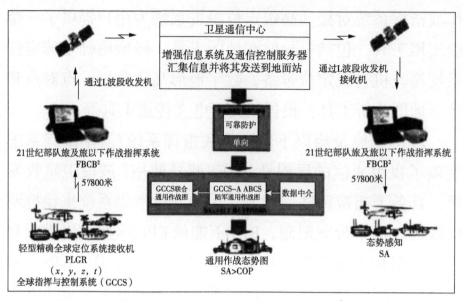

图5-22 "自由伊拉克行动"期间的 $FBCB^2/BFT$ 网络

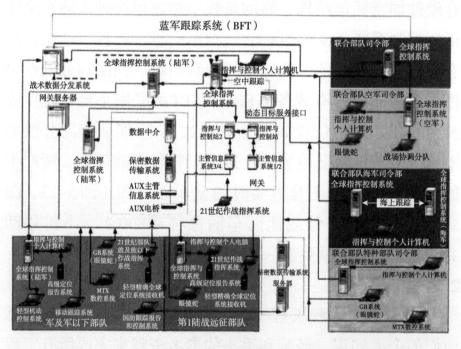

图5-23 蓝军跟踪系统结构与联合通用作战态势图

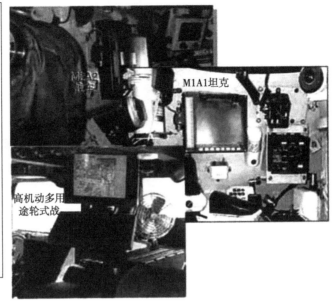

图 5-24 FBCB^2/BFT 装置

"远程工程作战"是在美国陆军机动支援中心的建议下，由美国陆军工程研究与发展中心（ERDC）研发的一项"回传"技术。所谓远程工程其实就是"远距离"或"回传"工程。当士兵在战场上遇到一个复杂问题时，他能通过高级通信链很快将信息传送到远程工程作战中心（TEOC）。该中心可通过工兵部队、军队有关部门、地方企业和学术机构的专家很快对问题作出解答。

多年来，回传概念一直是军队勤务保障的基石。"远程工程"通过高级通信链将遇到问题的人与提供解答的人连接起来，从而提高了部队的难题处理能力（图 5-25）。

图5-25 远程工程任务与回传概念

远程工程通信设备具有两种型号：一种是设在部队驻地的固定设备TCE-F，另一种是用于野战环境的可部署远程工具通信设备TCE-D。H.320型"宝利通"视频会议系统（Polycom（view station））是松下公司研制的Toughbook加密系统，外带手持式摄像机和其他多个部件。可部署设备可自动切换电源，使用的是110~220伏交流电或车载蓄电池（图5-26）。

根据不同的配置，这两种系统可支持美军"工程研究与发展中心"和"远程工程作战中心"的点对点或多点保密视频电话会议VTC，并能同时连接44个用户。可部署设备的数据/视频传输速率通常为64千字节/秒，通过增加卫星终端这一速率还能进一步提高。该系统也可用于收发非保密电子邮件。回传技术运用范围如图5-27所示。回传分析案例如图5-28所示。

远程工程通信设备构成

远程工程工具套件软件

可部署远程工具通信设备（TCE-D）
支持可部署保密和非保密视频电话会议及数据传输

自动化路线勘测套件（ARRK）
为车载路线勘测任务提供简单快捷的设备和软件

图 5-26　可部署远程工程通信设备

工程技术运用
- 堤坝突破与水文分析　·部队保护
- 桥梁军事载荷量级分类　·地质信息
- 炸弹损毁评估　·霜、冻、雨及气候信息与分析
- 通行程度（路上/路下）

图 5-27　回传技术运用范围

"自由伊拉克行动"

通过可部署远程工程通信设备将受损桥梁照片和图表发送给美国陆军工程研究与发展中心进行分析

图 5-28　回传分析案例

3. 特遣队指挥信息系统

陆军《野战手册》(3-90.2)规定:"坦克和机械化步兵营特遣队的任务是在任何类型的战场上夺取胜利。作为旅或师作战的一部分,特遣队要联合其连队、战斗支援和战斗勤务分队来实施战术任务。机械化步兵和装甲营是军主要编队,也是军实施联合作战和近距离地面战的重要组成部队。"

机械化步兵和装甲营的组织、人员和装备要能持续实施高强度作战。旅指挥人员通过混合编队的形式将坦克和机械化步兵营组成特遣队。旅指挥人员决定营特遣队的混合编队。这种混合编队的目的是获得单一的坦克或机械化步兵营所不具备的战斗力,使旅指挥人员能根据所执行的任务来调配力量。

这种混编结构通常在营级单位进行,因为营级单位具备必要的指挥、控制和支援能力来展开联合编队。同样,特遣队指挥人员也可根据特定的任务,通过对排的混编来组成一个或多个混合连队。

在作战中,营特遣队的指挥与控制通常是通过构建视距内加密"单信道地面和机载无线电系统"来实施的。非数字化特遣队,如第69装甲团第3特遣队,具有一个指挥网、一个作战与情报网和一个行政后勤网(图5-29)。该特遣队通常通过旅调频网内的"单信道地面和机载无线电系统"和"移动用户设备"来与旅指挥人员和指挥部保持联系,这些系统都是视距通信系统。

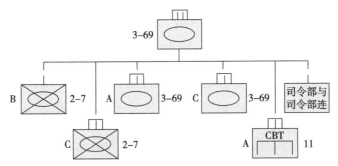

图 5-29　第 69 装甲团第 3 特遣队在"目标桃子"的组织结构

在"自由伊拉克行动"期间，营特遣队使用的调频网一般足以满足指挥与控制需求，因为各连队间的距离相对较近。这些话音网络对保持连和营特遣队的态势感知能力十分重要。

但是，用于管理特遣队的旅级指挥控制网就较为紧张和不足。在"自由伊拉克行动"期间，由于旅指挥所通常都在不断移动，因此无法建立移动用户设备节点。由于特遣队位置极为分散，因此调频网的使用受到了限制。

在 2003 年 1 月至 2 月，第 3 机械化步兵师的绝大多数部队装备了"蓝军跟踪系统"。第 69 装甲团第 3 特遣队也在 2 月装备了与第 3 机械化步兵师相同标准的"21 世纪旅及旅以下部队作战指挥系统—蓝军跟踪系统"。每个连指挥人员、执行官和营侦察排指挥人员的战车上都安装了 $FBCB^2/BFT$。特遣队指挥人员和作战参谋（S-3）的战车上安装了 $FBCB^2/BFT$。特遣队战术作战中心接收了两部系统，一部是车载式的，另一部是便携式的。这些系统通过视频显示为部队提供了所有其他蓝军机动部队的态势情况，也为部队提供了远距通信和超视距电文发送备用手段。

在装备FBCB²/BFT之前，营特遣队指挥人员通过以下方式获得态势感知能力：个人观察、与参谋人员和其他指挥人员面对面的交流、通过调频无线电从下级指挥人员获得的报告、通过调频无线电从其本指挥所获得的报告、通过调频无线电或面对面的交流从旅指挥人员获得信息。

理论上，基本指挥所是特遣队指挥人员的主要指挥控制设施。基本指挥所根据作战控制需要而不断移动。在线性作战环境中，它位于连队指挥所后方，可能还要位于中程火炮的射程之外。在非线性作战环境（非连续战区）中，它位于能最好支援特遣队作战和最不易受到攻击的位置。特遣队执行官（XO）负责监督所有参谋人员的工作，并在基本指挥所履行职责。

特遣队基本指挥所的职责包括：协调作战、作战支援和整个作战行动的作战勤务保障；为情报保障提出搜集要点；通过信息监测、分析和分发为特遣队指挥人员及下属提供态势感知保障；监测和预测指挥人员的决策要点；制订未来作战计划；监督作战行动；与上级司令部和相邻部队进行协调；为上级司令部提供信息；为作战和情报充当网络控制站，为无线电指挥网充当备用网络控制站；负责地形管理；提供稳定安全的计划设施；制定和发布指挥人员命令；计划和控制情报、监视和侦察行动。

特遣队基本指挥所依靠调频通信来运作特遣队的作战与情报网、行政后勤网和指挥网。为了能向旅部发送和接收信息，特遣队基本指挥所使用移动用户设备。指挥所也使用旅调频网络。特遣队基本指挥所位置要便于与特遣队和旅战术指挥所保持联络。

5.4.4 作战实施

在从卡尔巴拉向巴格达进发时，第3机械化步兵师采用了相对简单的机动方案。由第3旅战斗队率先出击，包围卡尔巴拉镇北部地区，随后由第1旅战斗队包围西部地区，并攻占28号公路上的主要桥梁和河谷西面的大坝。一旦占领大坝，第1旅战斗队将继续前进并寻找和消灭残余麦地那师。最后，第1旅战斗队将攻占"目标桃子"，这是该师跨过幼发拉底河的真正地点。第2旅战斗队将脱离其在希拉附近的佯攻目标，跟随并超过第1旅战斗队，经"目标桃子"跨过幼发拉底河向"目标圣人"进军。根据计划，由第2旅战斗队过河、第1旅战斗队准备向北进攻"目标狮子"、第3旅战斗队牵制卡尔巴拉。当第101空降师到达卡尔巴拉去接防第3旅战斗队时，第3旅战斗队便从"目标桃子"过河，并向北进攻"目标泰坦"，从西面包围巴格达。

4月2日2：00，第1旅战斗队开始进攻卡尔巴拉谷地。第69装甲团第3特遣队和第7步兵团第3特遣队同时从左、右两边挺进，另一个特遣队跟在后面。攻打卡尔巴拉谷地的战斗进展很快，因为这里的伊军都是步兵，在美军猛烈的炮火下"已没有胆量再继续作战"。7：00，第1旅战斗队已穿过谷地，并在上午到达了卡尔巴拉以北的"目标袭击者"。部队在这里稍作休整,为进攻"目标桃子"作准备(图5-30)。

第1旅战斗队的计划是,由第69装甲团第3特遣队率先进攻"目标桃子",第7步兵团第2特遣队向东对位于穆赛布(Musaib)的桥梁实施伴攻:这里有三座70级桥梁,伊军也以为美军第3机械化步兵师会从这里过河。当时,第3特遣队有两个坦克连、两个机械化步兵连、两个工兵连、一个侦察排、一个化学排和一个烟幕弹小队。该特遣队还能得到一个攻击直升机连的掩护和第41炮兵团第1火力营的直接火力支援。

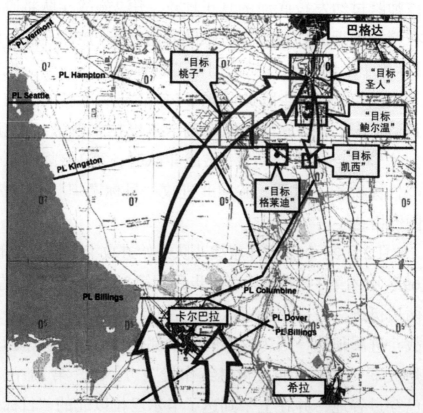

图5-30 从卡尔巴拉谷地经"目标桃子"的机动方案

12：30，第69装甲团第3特遣队开始离开"目标袭击者"。其营侦察排和A连（坦克）向东实施了有限进攻，然后沿河移师北上，攻击桥南敌军，在桥梁周围造成声势。大约40分钟后，侦察排就在桥梁西面与大约一个营的伊军交上了火，其中大多为萨达姆敢死队成员。马尔康中校迅速派出A连的坦克和攻击直升机来清除萨达姆敢死队，并沿河向上进攻，在14：30攻占了桥梁以西地区。特遣队其他部队在"目标袭击者"完成加油后便沿主要线路向桥梁挺进，沿途与敌军发生了交火（图5-31）。

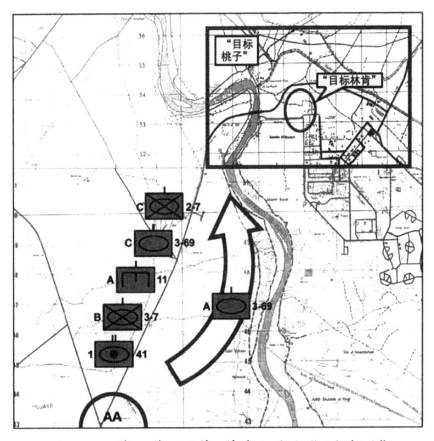

图5-31　第69装甲团第3特遣队逼近"目标桃子"

根据一周前在基夫尔的经验,特遣队调集了野战炮和空射精确联合直接攻击弹药(JDAM)对可能存在的负责破坏桥梁的敌人工兵据点进行了打击。在对敌阵地进行炮击的同时,特遣队还得到了近距离空中支援,对东岸敌军进行打击,而工兵和步兵准备乘8艘橡皮艇渡河攻占桥梁并清除桥西敌军。在烟幕弹和压制火力的掩护下,乘橡皮艇渡河的部队攻占了桥梁的另一端。但敌人在桥梁东侧炸开了一个窟窿。这爆破毁坏了1个车道,但仍有3个车道可用。预先计划的火力打击对于消除敌可能会对桥梁造成的破坏取得了良好作用。在东侧站稳脚并控制了桥梁后,马尔康中校立即派出一个坦克连和一个机械化步兵连过桥,以加强桥梁防守并建立了桥头堡,为第2旅战斗队其他部队过桥铺平道路。16:30,马尔康中校的特遣队完全控制了"目标桃子",他们将控制桥梁约4小时,直到第2旅战斗队全部过桥向"目标圣人"挺进(图5-32)。

图5-32 工兵对"目标桃子"的桥梁进行勘察

根据以前的计划，第2旅战斗队将跟随第1旅战斗队穿过卡尔巴拉谷地，比第1旅战斗队先头部队晚4小时通过。但关于攻击"目标桃子"的决定改变了师的时间计划和第2旅战斗队的行动路线。第2旅战斗队很快计划了一条新路线，从卡尔巴拉东面更快地接近"目标桃子"，而不是跟在第1旅战斗队后面通过谷地，在拥挤的道路上缓慢前进。然而，第2旅战斗队按新路线出发后不久，他们很快发现这条路线无法通行，部队陷入了困境。与此同时，第69装甲团第3特遣队正攻占"目标桃子"，第2旅战斗队指挥人员决定原路返回，按原先的计划穿过卡尔巴拉谷地。

此时，马尔康中校并不知道第2旅战斗队已改变路线并陷入了困境。他从安装在他的坦克上的21世纪旅及旅以下部队作战指挥系统/蓝军跟踪系统观察到，第2旅战斗队已改变了路线；稍后他又观察到他们已原路返回，朝卡尔巴拉谷地进发。马尔康中校断定他们肯定遇到了麻烦，并通过蓝军跟踪系统提供的信息预测，第2旅战斗队要到第二天早上才会过桥。根据这一信息，马尔康中校决定改变部队守桥梁态势，从桥头堡转为桥梁防御。通过对地形和敌人可能使用的通道分析，他派出了4个机动部队和工兵部队在桥梁东面5千米的阵地进行防守。第1旅战斗队指挥人员威廉·格里姆斯利上校将第7步兵团第3特遣队派到桥头堡线以南进行防守。18：15，第1旅战斗队的两个营已完成守桥部署，第69装甲团第3特遣队则负责把守最危险的通道。第1旅战斗队得到情报称，伊拉克突击旅正从巴格达国际机场向他们移动。从4月2日20：00直到4月3日5：30，第69装甲团第3特遣队受到了两个共和国卫队旅（麦地那师第10装甲旅和第22旅）和伊拉克第3特种作战旅的攻击。整个晚上第3特遣队都受到了敌重炮和迫击炮的轰击。第3特遣队通过夜视设备能够在远距离识别和打击敌人。在火炮和近距离空中支援下，第3特遣队阻止了伊军发动的最大规模的反击。4月3日上午6：30战斗结束。

4月3日8：45，第2旅战斗队的主力营特遣队开始过桥（"目标桃子"）并向"目标圣人"进发。之后，第2旅战斗队的第15步兵团第3特遣队在"目标桃子"接防，以便让第1旅战斗队准备进攻"目标狮子"。

5.4.5 运用效果

1. 实时准确的战场信息获取分发

与1991年的"沙漠风暴行动"相比，在"自由伊拉克行动"期间由于新技术在战场的运用使美军能以完全不同的方式实施作战。相较于过去，第5军使用了更少的部队、部队更为分散、作战节奏也更快。由于部队更为分散，部队在战场上的移动速度更快，过去在营特遣队及以上单位普遍使用的系统，如移动用户设备，已不再适合新的作战环境。

像$FBCB^2$/BFT这样的系统能为用户提供自身位置的实时视频和其他装有BFT系统部队近实时的视频。BFT还能将许多联网指挥控制系统整合成通用作战态势图（COP）。

FBCB^2/BFT还具备视距通信系统所不具备的通信能力。像"远程工程通信设备"这样的系统可通过回传使前方工兵迅速获得所需数据和专业知识。

在"自由伊拉克行动"期间，美军装备了约1200套蓝军跟踪系统。这些系统能准确及时地为所有层次（从战术到战略）的部队提供蓝军通用作战态势图。

FBCB^2/BFT系统使特遣队指挥人员在执行"目标桃子"任务时能够看到第2旅战斗队的位置，从而知道他们不能在计划的时间内过桥。这一信息使特遣队指挥人员快速准确地掌握了局势，使他能预见第2旅战斗队的延迟并对特遣队的任务作出相应调整，作好应对敌人反攻的准备。没有这一信息，马尔康中校就不会如此迅速及时地作出保护桥头堡的决策。

远程工程通信设备使远在美国的工程师能通过视频和语音的形式及时为前方工兵分析桥梁结构，为在伊拉克的第3机械化步兵师和第5军解答路桥工程的技术难题。

FBCB^2–BFT系统提高了态势感知和信息共享质量。该系统近实时地提供了极为分散的蓝军部署信息，为从战术到战略层次的部队提供了通用作战态势图。

高质量信息和信息共享能力进一步提高了部队的态势感知能力。在本案例中，由于能观察到第2旅战斗队的动态，马尔康中校才能更为明确地把握"目标桃子"的局势，并根据友军和后续部队的动态做出决策。

态势感知能力的提高使部队能快速做出决策和进行自

我调整。在本案例中,马尔康中校能把握师和旅指挥人员的意图,通过FBCB^2/BFT系统提供的态势信息来制订战场计划并采取必要的行动。

2.以信息系统为基础的远程工程

FBCB^2/BFT系统能够生成通用作战态势图,"远程工程通信设备"能够快速回传和共享信息,从而提高了前方工程兵的任务效率。通过远程工程通信设备的回传,第54工兵营及时获得了所需信息和数据,这在过去需要几天甚至几周才能获得。这种独特能力不仅能让前方工兵及时解决技术难题,而且能有效使用有限资源并保证作战推进速度。任务效率的提高还反映在加快了决策速度,从而提高了整个部队的灵活作战能力。

第6章　启示与思考

纵观美军近20年陆军战术指挥信息系统的建设与运用发展历程，其建设理念始终紧随作战概念发展而变化，无论是装备体系建设还是系统迭代演进都紧密瞄准体系能力生成，无论是信息系统构建模式还是作战运用组织方式都高度关注作战场景的适配，这些建设思路、组织模式、运用方法为各国军队开展指挥信息系统领域建设运用提供了有益借鉴。

6.1　高标准抓好装备系统建设

伊拉克战争前后，美国陆军指挥信息系统项目主要专注于各自的特定作战需求，为了以最快的速度交付能力，往往只能根据当前作战任务需要仓促完成系统的研发与集成，导致系统无法满足未来作战行动的要求。其经验教训表明，军事装备研发，应紧密围绕未来军事斗争的实际需要，超前制定战略规划，科学制定系统建设发展目标与技术演进路线，持续抓好装备系统试验验证与优化完善，努力谋取竞争优势。

6.1.1 瞄准体系能力生成，优化装备型谱的顶层设计

美军通常是围绕作战体系来打造与之对应的物质基础，在制定指挥信息系统顶层规划时始终坚持"使命任务→作战概念→作战能力→装备体系"的建设思路，确保作战理念、作战需求与装备能力紧密耦合，有效达成建设目标。对世界其他国家军队来说，往往均不同程度地存在装备型谱多代并存、兵种专业系统离散的情况，在装备建设上，应以联合作战指挥全链条全要素为着力点，瞄准任务部队作战行动需求，立足现实，着眼未来，抓好装备体系的建设规划。一是坚持以战领建。在建设指导上，学习美军联合需求论证制度，优化需求论证流程，坚持系统建设匹配作战体系发展的原则；在建设规划上，根据作战任务和作战样式的发展，先设计详细完善的作战框架，再描述作战单元体系功能，后确定个体系统详细支持能力，确保系统建设真正满足作战需求。二是坚持体系抓建。在建设设计上，借鉴美军以信息网络为基础、以信息共享为焦点、以全局服务为宗旨的理念，瞄准各兵种融入联合作战指挥体系关节点，发挥体系效能，建立信息流、指挥流、作战流的高效运行机制，推动信息域与作战域、业务域与情报域以及能力域的有机融合，提升部队决策能力、作战能力。三是坚持增量施建。在建设实施上，参照美军指挥信息系统领域"增量式""能力集"等渐进式发展模式，将信息技术领域前沿技术及时引入装备系统建设中，当一

个能力集列装时，下一个能力集的研发也在进行中，在系统化、标准化"能力集"发展过程中，实现指挥信息系统发展模式转变，缩短传统定制、研发、采购的漫长过程，加快前沿技术进步，加速能力集迭代升级。

6.1.2 加强前沿技术应用，加速系统功能的智能升级

随着融入AI技术的无人作战武器在实战中广泛应用，现代战争形态和作战方式正在发生深刻变化，信息化战争形态正加速向智能化战争形态演进。美军不断加大以大数据、云计算、人工智能为引领的高新技术在指挥控制领域的应用，力求通过技术的革新谋求决策制胜优势。紧跟战争形态发展变化，围绕建立信息优势、认知优势、决策优势和行动优势等关键技术需求，强化作战牵引与技术驱动的有机结合，推动指挥信息系统建设的跨越发展，是当今世界军队建设发展的必由之路。一是态势感知智能化。综合运用战场目标自动识别技术、情报信息智能处理技术、态势智能认知技术、态势信息智能共享技术，在快速自动获取战场综合情报信息的基础上，对作战单元的关联关系、行动意图、目标价值、力量强弱、局势优劣等战场态势进行分析研判，准确识别对手意图，精准预测敌方的可能行动、行动预期结果和战场局势走向。二是辅助决策智能化。利用知识工程、信息智能检索、平行仿真等技术，按照指挥员意图，快速进行任务分析筹划、决策预案制定、作战计划验证优化和动态调整、作战行动智能规划

等，创造性地延伸指挥员的指挥决策艺术，实现决策的快速性和精准性，提高作战决策的质量效益。三是行动控制智能化。综合运用智能化临机处置技术、自主行动智能控制技术、有人/无人平台智能协同技术，推动无人系统和无人装备间的自动协同作战，有人系统与无人系统之间的互信协同作战，实现"人智"与"机智"的有机融合，达成指挥控制上的敏捷性目标。

6.1.3　注重装备实验验证，坚持系统建用的闭环发展

美军在信息系统建设上一贯秉持试点建设、试验鉴定、完善推广和实战使用有机结合的闭环发展路线，始终坚持根据试验反馈意见不断改进系统设计的螺旋发展模式，确保系统设计满足用户需求。对于世界其他国家军队来说，应充分借鉴其建设发展经验，不断推动"装备研制—试验鉴定—试点检验—系统完善"的闭环，不仅向部队交"装备"，更注重向部队交"能力"。一是加速试验部队建设。借鉴美军数字化试验部队建设经验，抽取有较强实战经验的作战部队组建试验部队，对部队编制调整和装备研制开发进行试验鉴定，试验鉴定结果直接为装备研发改进和部队编制调整改革提供反馈信息和决策依据，设计从传统部队到未来部队的"桥梁"，实现部队转型与装备建设相辅相成、并行并重。二是强化实兵实装检验。着眼于装备系统体系能力和整体效果的验证，加强新型装备系统的实战化效能检验，严格遵照实战要求设置检验内容和

条件，采取临机决策、自主协同、实距实通、实打实评的方式组织实施，按照先单系统贯通、再多系统融合、后体系化运用的步骤进行检验验证，边运用检验、边发现问题、边整改完善，增强实装系统的可靠性。三是加强作战场景适配。针对具体任务部队面临的不同作战任务和作战场景，加强指挥信息系统的个性化适配与改造，综合采取装备适应性调整、系统针对性改造、软件个性化定制、算法场景化创新等方式方法，以适应不同作战对手、不同作战环境、不同任务样式、不同作战场景的需要，使之既具备通用能力，又兼顾差异化要求，有效支撑各方向作战行动。

6.1.4 优化装备建设模式，压减装备系统的建设周期

近年来，美国陆军网络现代化战略转变了过去相对孤立且过于规范、死板的采办机制，引入了"改造加购买"的采办模式，先寻找可能符合作战使用要求的新兴技术，再利用集成资金快速进行测试与评估，然后对通过评估的技术进行适应性改造并集成到战术网络中，极大地提高了系统建设质效。在信息系统建设中应充分借鉴这种建设模式，吸收当前移动互联网开发运维安全集成运营经验，加速民用成熟技术的转化运用，创新军民融合协作开发机制，切实压减装备建设发展周期。一是借鉴研发运营（DevOps）模型提升装备建设效能。美军采用了IT业界成熟应用的DevOps管理模型，在研发测试、实验和作战测试中，通过技术研发人员与部队指战员的密切协作，更

快、更准确地评估优势技术和解决方案，实现战术网络的快速研发与部署。这种方式让部队指战员，尤其是基层部队尽早地参与到项目研发测试、试验中，可以尽早收集到用户的反馈意见，快速改进网络并形成战斗力。二是引进先进商用技术推动装备快速迭代。在网络现代化进程中，美国陆军最大限度地利用了商用现货技术来提高网络抗毁顽存能力、增强网络传输带宽和改善网络互联互通能力。信息技术领域是发展最迅速、创新最活跃的领域，也是军民能够深度融合发展的领域，应积极研究移动通信、卫星通信、大数据、人工智能等新兴技术的军事应用解决方案，推动军队信息网络能力快速提升。三是创新装备采购机制缩短能力交付周期。过去美军采用相对单一、过于死板的采购方案，认为与供应商签订有明确需求和交付时间表的合同即可，但其结果却不尽如人意。在新的现代化战略中，美军改革了采购办法，提出了"改造加购买"的策略和能力集方式，实现新技术与能力的快速交付。这对其他国家军队装备建设有很大的借鉴意义，通过分阶段滚动安排科研任务，及时跟进新技术发展，引入技术竞争厂商，实现装备采购交付周期的大幅缩减。

6.2　高起点推动装备系统实战运用

美军在指挥信息系统建设过程中，十分重视装备系统在实战中的运用和完善。在伊拉克战争中，将新列装的数字化部队第4机步师投入实战,创造了2周攻克提克里特、活捉萨达姆的骄人战绩,既验证了信息化装备的实战运用效果,也梳理了大量组织运用的经验。各国军队可借鉴其边建边用边完善的经验,大胆将最新建设成果投入一线战备,在实战环境中检验装备性能,总结场景应用需求,梳理组织运用经验,以此推动装备建设良性发展。

6.2.1 紧盯前沿军事准备,抓好信息系统的实战检验

美军始终认为实战是检验装备系统的最佳试验场,同样编制信息化装备的"斯特赖克"旅,在伊拉克战场大显神威,但到了阿富汗战场屡遭败绩,于是紧前组织对装备系统进行底盘更换、火力系统精确化升级等技术改造,不仅提高了装备环境的适应性,而且有效提高了作战效能。军队应加强新型装备系统投入运用的比例,通过在实战环境中检验装备系统的效能发挥,更好推动装备建设。一是突出备战行动用,找准问题症结。瞄准主要作战任务,收集梳理新装备组织运用存在的主要问题,加强装备的适应性改造,增强装备系统在实战环境条件下的适应性和匹配度。二是突出极限条件用,积累装备数据。吸取美军数字化部队在阿富汗战争中装备适应能力差的经验,注重收集装备系统在高海拔地区、高山起伏地区、边境密林地区、高温高湿地区的应用效能数据,通过大数据手段进行分析处理,摸清在极限条件下通联能力、运行效能、探测范围等关键指标,为未来作战行动提供辅助支持。三是突出联

演联训用，总结运用方法。把握近年来各国间军队常态参与军事比武竞赛、多国联合演练等活动机会，梳理在陌生复杂环境、激烈对抗条件、重难任务课题、多方联合行动中，装备系统组织运用的实战经验，及时总结有效的操作使用方法，提高部队把装备用到极致的信心和能力。

6.2.2 着眼于作战效能的发挥，抓好系统运行的标准规范

美军一贯坚持战术、技术和规程相结合的作战运用方式，通过梳理战术行动、固化操作模式、规范运用方法，推进作战行动和装备能力的有机结合。对于世界其他国家军队来说，应充分借鉴其组织运用经验，不断推动作战理论、装备技术和运用实践的耦合，增强指挥信息系统的作战支撑效能。一是规范系统运行程序。借鉴美军"战术、技术与程序"（TTP）战术性文件的做法，按照"构设作战场景—设计作战行动—制定规程标准"的基本逻辑，通过解析作战机理、作战规律，解构作战行动、指挥活动、协同关系，形成适配各国军情的指挥信息系统组织运用规范，推动武器装备与作战规则、战术行动、装备运用的紧密结合。二是固化作战运用方式。着眼于装备系统体系能力和整体效果的生成，加强指挥信息系统的作战运用方式固化，按照先单系统贯通、再多系统融合、后体系化运用的步骤进行梳理，逐步固化典型作战运用方式和组织运用流程，增强信息系统组织运用的规范性和实用性。三是优化系统保障方法。按照"体系化、集约化、服务化"保障

总要求，明确保障机制，统筹保障力量，规范保障编组，优化保障流程，创新保障模式，完善保障链路，充分发挥综合支撑与全面服务的保障作用，推动指挥信息系统保障实时在线、快速响应、灵活互动，确保作战指挥精准高效、稳定持续。

6.2.3 瞄准系统赋能增效，抓好装备系统的作战运用

长期以来，美军十分注重在实战条件下不断探索基于指挥信息系统的作战指挥方式变革，力求通过指挥信息系统的体系运用，为指挥活动赋能增效。在系统实践运用中，应学习借鉴这种坚持建系统与用系统相结合的推广模式，在各级各类指挥训练和实战演练中加强信息系统的实战运用，增强系统运用质效。一是聚焦融入联合。按照基于信息系统体系作战的内在要求，发挥联合作战指挥体系能效，打通作战单元之间的信息链条，推动不同指挥席位、不同指挥要素、不同指挥机构之间协作配合、一体联动，实现相关作战指挥要素系统上的互联互通、行动上的密切协调、能力上的相互聚合，发挥整体指挥效能，涌现体系指挥能力，确保作战指挥的整体性、系统性和协调性。二是强化信息集成。坚持以指挥活动为依据，以信息流动为牵引，强化信息在作战指挥中的灵魂作用和纽带效应，紧紧围绕信息流程优化和系统功能集成，把各类作战单元、武器系统、情报侦察、信息传递、指挥控制和综合保障系统等，整合为一体化联合作战体系，使各种作战单

元尽可能多地处于同一个信息流层，实现作战系统和作战要素的高度集成。三是优化指挥编组。按照作战指挥的现实需求，不断优化军队作战力量编组、指挥方式、指挥方法以及信息流程，将原本相互独立的作战力量、作战单元、作战要素有机融合在一起，力求实现指挥信息系统组网运用与作战指挥体系相衔接、与合成指挥编组相一致、与指挥方式相适应，不断提高依据作战指挥体系组网建链、基于作战行动实施体系保障的能力。

6.3 高站位推动装备系统体系训用

长期以来，美军十分注重条令、编制、装备、试验、鉴定、训练、基础设施和官兵培养的同步建设，力求通过有效的系统模拟训练和实兵实装演练，推动指挥信息系统实战能力的快速生成。我军在系统实践运用中，应坚持将指挥信息系统训练融入各个训练阶段、各级战役战术演练和各类备战任务，增强系统运用质效。

6.3.1 构建紧贴实战、体系设计的训练内容

遵循体系作战能力生成规律，按照"精操作、强集成、促融合"的思路，科学构建指挥信息系统实战化训练内容体系，促进部队有效提升基于系统的作战能力。一是合理设计实战训练内容。要围绕部队主要作战任务，从研究与谁打仗、在哪里打仗、打什么仗、怎么用系统打仗等

问题入手，研究探索基于信息系统遂行作战任务的组织形式、力量构成、战法运用和作战指挥、行动控制、信息服务方式，以先进的作战理论引领指挥信息系统实战化训练内容创新。二是突出对作战指挥的支撑。要按照"以指挥所作战指挥综合训练统指挥信息系统组网运用训练、以指挥信息系统组网运用训练统业务网系训练、以业务网系训练统台站要素训练、以台站要素训练统岗位人员训练"的思路，着眼提高体系支撑保障能力，突出指挥信息系统组网运用与指挥体系相衔接、与合成指挥编组相一致、与指挥方式相适应的训练，抓好实战训练与实战考核，不断提高基于指挥信息系统的实战能力，力求使训练内容符合实战要求。

6.3.2 创新真联实抗、集成融合的训练方法

纵观美军近年来的训练模式，实战化训练、融合训练是其鲜明的特征。从发挥指挥信息系统对联合作战的体系支撑作用和战斗力生成的融合倍增作用出发，应区分层次和对象构建创新组训方法体系。一是要加强业务要素的协同处置训练。组织指挥信息系统相关台站构建、转移、撤收、重组等训练，确保相关要素同步联动；组织网系调整，要加强预先协同训练，明确业务关系、接入时间、工作方式和协同方法等，确保网系用户协同一致、快速接入。二是要科学组织通信抗干扰训练。针对信息化战场可能存在的侦察监视、测向定位、电子干扰、网络攻击、火

力打击等现实威胁，按照全程对抗、全域对抗、全维对抗的组织理念，进一步加强实通实抗实保训练，综合运用实装对抗、模拟器材对抗、电子蓝军对抗等手段方法，构建复杂、真实的信息对抗训练环境，组织通抗、信火、网电等一体对抗训练，提升信息保障实战化水平。三是要突出基于作战编组的信息系统组网运用训练。结合具体战术行动训练，针对性开展指挥信息系统专项训练，确保指挥信息系统通联末端，提高战术分队基于系统组织作战行动的能力；结合指挥体系构成，开展指挥所系统运用训练，加强基于指挥信息系统的业务运用和指挥协同训练，提高指挥人员用系统、用信息指挥打仗的能力。

6.3.3　创设近似实战、要素齐全的训练环境

美军特别注重按照遂行作战任务可能面临的实战环境构建训练环境条件，可有效增强训练的针对性、系统性和有效性。一是构建近实战的复杂训练环境。充分考虑地域自然环境和电磁环境对指挥信息系统可能的影响，科学设置战场通信环境、雷达环境、光电环境、电子对抗环境、民用电磁环境、自然电磁环境等，让指挥人员和操作人员充分体验在复杂环境下的通信保通压力，通过训练切实摸清装备系统的效能底数，熟练系统组织运用流程、研练信息通信对抗战法。二是构建上下贯通的指挥要素综合训练环境。充分利用综合性演训时机，按作战体系编全配齐各作战层级的信息保障要素，建立要素齐全的信息保障训练

编组，按照作战进程，紧贴作战行动，重点训练要素联动、上下联动、友邻联动的内容、方法和程序，提高体系化保障能力。三是创新模拟化、网络化训练环境。借鉴美军LVC训练装备建设模式，加强系统运用训练环境建设，积极推动虚拟现实、大数据、物联网等新兴信息技术在装备训练中的应用，打造集实装、虚拟、推演于一体的网络化分布式训练环境，突出虚拟仿真交互系统、多模拟平台联网训练系统、战役战术兵棋推演系统的建设运用，加强配套训练数据建设，支持任务部队开展基于系统的系统运用训练、作战对抗训练和实装交互检验，为系统体系化运用创设环境条件。

附 录

一、名词解释

表 1 中英名词对照表

序号	中文名词	英文缩写	英文短语
1	陆军机载指挥与控制系统	A²C²S	Army Airborne Command and Control System
2	陆军作战指挥系统	ABCS	Army Battle Command System
3	机载通信网	ACN	Airborne Communications Network
4	陆军数据分发系统	ADDS	Army Data Distribution System
5	先进极高频卫星	AEHF	Advanced Extremely High Frequency
6	高级野战炮兵战术数据系统	AFATDS	Advanced Field Artillery Tactical Data System
7	防空反导计划控制系统	AMDPCS	Air and Missile Defense Planning and Control System
8	自适应宽带组网波形	ANW²	Adaptive Networking Wideband Waveform

续表

序号	中文名词	英文缩写	英文短语
9	自动化路线勘测套件	ARRK	Automated Route Reconnaissance Kit
10	全源情报分析系统	ASAS	All Source Analysis System
11	安卓战术改击套件	ATAK	Android Tactical Assault Kit
12	陆军战术指挥控制系统	ATCCS	Army Tactical Command and Control System
13	机载预警与控制系统	AWACS	Airborne Warning and Control System
14	广播辅助服务	BAS	Broadcasting Auxiliary Service
15	作战指挥公共服务	BCCS	Battle Command Common Services
16	战场作战系统	BOS	Battlefield Operation System
17	近距离空中支援	CAS	Close Air Support
18	指挥中心系统	CCS	Command Center System
19	通用数据链	CDL	Common Data Link
20	计算环境	CE	Computing Environment
21	通信电子研究、开发与工程中心	CERDEC	Communication Electronics Research Development and Engineering Command

续表

序号	中文名词	英文缩写	英文短语
22	通用作战态势图	COP	Common Operational Picture
23	指挥所计算环境	CPCE	Command Post Computing Environment
24	指挥所通信系统	CPCS	Command Post Communication System
25	指挥所局域网	CPLAN	Command Post Lan
26	未来指挥所	CPOF	Command Post of the Future
27	士兵与数字应用程序连接	CSDA	Connection of Soldier and Digital Application
28	战斗勤务支援控制系统	CSSCS	Combat Service Support Control System
29	美国国防高级研究计划局	DARPA	Defense Advanced Research Projects Agency
30	坠落飞机处理小队	DART	Downed Aircraft Recovery Team
31	分布式通用地面站	DCGS	Distributed Common Ground Station
32	国防信息基础设施	DII	Defense Information Infrastructure
33	国防信息系统网	DISN	Defense Info Systems Network
34	国防交换网	DSN	Defense Switched Network
35	电子密钥管理系统	EKMS	Electronic Key Management Systems

续表

序号	中文名词	英文缩写	英文短语
36	高级定位报告系统	EPLRS	Enhanced Position Location Reporting System
37	工程研究与发展中心	ERDC	Engineer Research and Development Center
38	远征信号营－增强型	ESB-E	Expeditionary Signal Battalion – Enhanced
39	终端用户设备	EUD	End-User Device
40	21世纪旅及旅以下部队作战指挥系统	FBCB^2	Force XXI Battle Command Brigade and Below
41	21世纪旅及旅以下部队作战指挥系统—蓝军眼踪系统	FBCB^2/BFT	Force XXI Battle Command Brigade and Below – Blue Force Tracking
42	21世纪旅及旅以下部队作战指挥系统—高级定位报告系统	FBCB^2/EPLRS	Force XXI Battle Command Brigade and Below – Enhanced Position Location Reporting System
43	未来战斗系统	FCS	Future Combat System
44	前方指挥基地乔伊斯	FOB	Forward Operating Base
45	聚焦目标力量	FTF	Focused Targeting Force
46	全球指挥控制系统	GCCS	Global Command and Control System
47	陆军全球指挥控制系统	GCCS-A	Army Global Command and Control System

续表

序号	中文名词	英文缩写	英文短语
48	空军全球指挥控制系统	GCCS–AF	Air Force Global Command and Control System
49	全球联合作战支持系统	GCCS–J	Joint Global Command and Control System
50	海军全球指挥控制系统	GCCS–M	Global Command and Control System–Maritime
51	全球信息栅格网	GIG	Global Information Grid
52	全球网络企业化架构	GNEC	Global Network Enterprise Construction
53	全球定位系统	GPS	Global Positioning System
54	高机动多用途轮式战车	HMMWV	High Mobility Multipurpose Wheeled Vehicle
55	高频段组网波形	HNW	High–band Network Waveform
56	抬头显示设备	HUD	Head–up Display
57	改进型布雷德利捕获系统	IBAS	Improved Bradley Acquisition System
58	综合防空反导作战指挥系统	IBCS	Integrated Battle Command System
59	简易爆炸装置	IED	Improvised Explosive Devices
60	关键信息交换需求	IER	Information Exchange Requirements
61	情报侦察监视	ISR	Intelligence Surveillance and Reconnaissance

续表

序号	中文名词	英文缩写	英文短语
62	联合全域指挥与控制	JADC²	Joint All-Domain Command and Control
63	自动化纵深作战协调系统	JADOCS	Joint Automated Deep Operations Coordination System
64	联合作战指挥平台	JBC-P	Joint Battle Center-Platform
65	联合火力观察员	JFO	Joint Fires Observer
66	联合信息环境	JIE	Joint Information Environment
67	联合网络管理系统	JNMS	Joint Network Management System
68	联合网络节点	JNN	Joint Network Node
69	联合战术空中管制员	JTAC	Joint Tactical Air Controller
70	联合战术网络中心	JTNC	Joint Tactical Networking Center
71	联合战术无线电系统	JTRS	Joint Tactical Radio System
72	密钥管理基础设施	KMI	Key Management Infrastructure
73	低级话音侦听	LLVI	Low Level Voice Intercept
74	任务配置文件	MCF	Mission Configuration File
75	轻型机动控制系统	MCS-L	Maneuver Control System-Light

续表

序号	中文名词	英文缩写	英文短语
76	车载计算机系统系列	MFoCS	Mounted Family of Computer Systems
77	车载任务指挥	MMC	
78	效果评定标准	MOE	Measure of Effectiveness
79	绩效评定标准	MOP	Measure of Performance
80	编制装备修订表	MTOE	Modified Table of Organization and Equipment
81	有人无人组队	MUM-T	Man Unmanned-Teaming
82	网络运行中心	NOC	Network Operations Center
83	国家安全局	NSA	National Security Agency
84	近期数字电台	NTDR	Near Term Digital Radio
85	网络勇士未来计划	NWFI	Network Warriors Future Initiative
86	作战与情报	Op/Intel	Operations & Intelligence
87	个人通信设备	PCD	Personal Communication Device
88	受保护的战术波形	PTW	Protected Tactical Waveform
89	区域中枢节点	RHN	Regional Hub Node

续表

序号	中文名词	英文缩写	英文短语
90	无线电网络配置文件	RNCF	Radio Network Configuration File
91	电台操作员	RTO	Radio Telephone Operator
92	态势感知	SA	Situational Awareness
93	安全但非保密	SBU	Secure but unclassified
94	软件通信体系结构	SCA	Software Communication Architecture
95	安全部队援助旅	SFAB	Security Forces Assistance Brigade
96	标准综合指挥所系统	SICPS	Standard Integrated Command Post System
97	信号情报侦察组	SIGINT	Signal Intelligence
98	单信道地面和机载无线电系统	SINCGARS	Single Channel Ground and Airborne Radio System
99	陆基先进中程空空导弹	SLAMRAAM	Surface Launched Advanced Medium Range Air-to-Air Missile
100	士兵扩展节点	SNE	Soldier Node Extension
101	士兵无线电波形	SRW	Soldier Radio Waveform
102	标准化战术进入点	STEP	Standardized Tactical Entry Point
103	卫星通信拖车	STT	Satellite Transmit Trailer

283

续表

序号	中文名词	英文缩写	英文短语
104	战术空军控制组	TACP	Tactical Air Control Party
105	战术空域综合系统	TAIS	Tactical Airspace Integration System
106	远程工程通信设备	TCE	TeleEngineering Communications Equipment
107	远程工程通信设备－可部署的	TCE-D	TeleEngineering Communications Equipment – Deployable
108	远程工程通信设备－固定站	TCE-F	TeleEngineering Communications Equipment – Fixed Site
109	战术通信节点	TCN	Tactical Communication Node
110	时分多址	TDMA	Time Division Multiple Access
111	远程工程作战中心	TEOC	TeleEngineering Operations Center
112	末段高层防御系统	THAAD	Terminal High Altitude Area Defense
113	战术中枢节点	THN	Tactical Hub Node
114	战术情报地面报告	TIGR	Tactical Intelligence Ground Reporting
115	车载支持系统	TMSS	Technical Manual Specifications & Standards
116	战术作战中心	TOC	Tactical Operations Center
117	战术中继塔	TRT	Tactical Relay Tower

续表

序号	中文名词	英文缩写	英文短语
118	战术服务器基础设施	TSI	Tactical Server Infrastructure
119	无人机系统	UAS	Unmanned Aircraft Systems
120	特高频	UHF	Ultra High Frequency
121	共用联合任务清单	UJTL	Unified Joint Task List
122	远程视频会议	VTC	Video Tele Conferencing
123	车载无线包	VWP	Vehicle Wireless Pack
124	作战人员战术信息网	WIN-T	Warfighter Information Network-Tactical
125	广域网络节点	WN	WAN Node
126	宽带组网波形	WNW	Wideband Network Waveform
127	（连）第一军士长	1SG	First Sergeant

二、美国陆军战术级指挥系统组成及功能清单

表2 美国陆军战术级指挥系统组成及功能清单

系统类别		子系统	主要功能	备注
陆军作战指挥系统（ABCS）	基本系统	机动控制系统（MCS）	MCS是配属在军级、师级、旅级和营级指挥机关的战术计算机系统及其终端的总称，为规划、协调、监视和控制战术作战提供自动化、在线和近实时能力；用于辅助指挥人员和参谋人员收集、处理、分析、分配和交换战场信息以及传送命令，使指挥人员和参谋人员在敌方做出决策之前就能采取行动	
		防空反导工作站（AMDWS）	AMDWS是一种通用防空反导导引计划、参谋计划与反分析软件工具，能够辅助各级防空反导部队进行自动化的战场情报准备、提供态势感知以及计划、协调和协同同空中、地面、海上作战；为ABCS通用作战图提供空情数据	融合进IBCS
		战场指挥勤务支援系统（BCS³）	BCS³是后勤指挥控制系统，具有后勤决策功能，提供后勤通用作战图，能够近实时地满足全谱战场上的后勤指挥控制需要；可实现与其他陆军、军种联合、跨机构和多国指挥控制与后勤业务系统的接口	
		全源情报分析系统（ASAS）	ASAS是ABCS情报电子战系统（IEW）的下属子系统，用于自动将情报和传感器信息融合成统一的敌情图，并生成通用作战图中蓝军、"红军"一方的态势信息，主要用来取代在情报收集过程中冗杂项的协调工作，确保情报分析人员有更多的时间汇集与分析情报	已整合到DCGS-A中
		高级野战炮兵战术数据系统（AFATDS）	AFATDS主要能力包括指挥人员指南、地图显示、火力支援计划及攻击分析、空袭能列表（ASL）和空域控制指令（ACO）管理、提供与任务指挥系统及情报系统/数据库的接口、兼容精确打击套件，能够与AH-64改型直升机和M1A1主战坦克等武器系统直接联网，提供战术态势感知和火力请求处理	

286

续表

系统类别	子系统	主要功能	备注
陆军作战指挥系统（ABCS）	基本系统	21世纪旅及旅以下部队作战指挥系统/蓝军跟踪系统（FBCB²/BFT）	FBCB²/BFT是ABCS的关键组成部分，向旅及旅以下战术指挥层提供态势感知和指挥控制，有助于形成贯穿整个战场空间的无缝作战指挥信息流，并能与外部指挥、控制和传感器系统[如陆军战术指挥控制系统（ATCCS）]互操作，形成战场数字化和旅及旅以下战术部队的横向和纵向集成	升级为JBC-P
		战术空域综合系统（TAIS）	TAIS是战场空域管理自动化系统，提供可视化4D态势感知及己方飞机相互影响、空域冲突排解能力；基于联合勤务信息系统输入，提供联合的空地战场空间管理	
		数字地形支持系统（DTSS）	DTSS提供数字地形分析、地形数据库、更新的地形产品和硬拷贝复制，以支持地形可视化；能以立体图形方式显示地形背景，了解地形对敌方机动性能的影响，提供敌方指挥方式，补给供应点及部队集结地的地形位置	
	辅助系统	综合气象系统（IMETS）	IMETS多方获取、处理并核对各种预报、观测信息和气候数据，为各级指挥人员提供了一个自动气象系统，用于接收、处理和传播ABCS的天气观测、预报以及天气和环境影响，以辅助决策	
		未来指挥所（CPOF）	CPOF作为陆军关键任务指挥控制系统，提供计划拟制和态势标绘的分布式协同工具，可在同一战术环境下，支持不同级别指挥机构开展并行、同步、异步的跨功能领域协作指挥决策、计划编制、演练和指挥控制等方面协作	
		战术互联网管理系统（ISYSCON）	ISYSCON（V）4设计部署在旅、旅和营战术作战中心，提供半自主管理能力，协助进行下层战术互联网（LTI）的计划、启动、监控、故障排除和重新安装，降低相关人员时间和工作负担	

287

续表

系统类别		子系统	主要功能	备注
陆军作战指挥系统（ABCS）	替代升级	蓝军跟踪系统（BFT 2.0）	BFT 2.0 是 FBCB² 升级为 JCR 版本（联合能力版）的主要更新内容之一，依托高科技、高速力量眼踪卫星通信网络，提供比现有 BFT 系统快 10 倍的追踪能力；当 JCR 版使用 BFT 2.0 收发器和网络升级时，友军位置由原来的数分钟更新，加快到数秒钟内更新	BFT 升级而来
		联合作战指挥平台（JBC-P）	JBC-P 是陆军下一代蓝军追踪系统，建立在 FBCB²/BFT 2.0 势感知能力上，能直观显示合歌地球界面实时聊天堂，以便士兵快速查看有关 FBCB²/BFT 2.0 的态势感知、确定对手和其他威胁，为士兵提供了更快的卫星网络，安全的数据加密和海军陆战队的互操作性	FBCB²/BFT 升级而来
		陆军分布式通用地面系统（DCGS-A）	DCGS-A 作为机载和地面传感器平台的多系统集成地面系统，提供集成的情报、监视和侦察系统（ISR）地面处理功能；通过充分利用多源数据、信息和情报使指挥人员获得态势感知、协调联合作战部队和合成作战部队的各要素，实现先敌发现、先敌感知、先敌行动并最终摧毁	集成 ASAS 功能
		综合防空反导作战指挥系统（IBCS）	IBCS 旨在连接以前不兼容的陆军雷达，将所有目标数据集成到单一高保真航迹中，并将该数据传递给最适于进行拦截的发射器；利用多个传感器发射器以及一个指挥控制系统识别、分类目标，并向合适的发射器传送航迹拦截目标	AMDWS 升级而来
作战任务系统	基本系统	战术情报地面报告系统（TIGR）	TIGR 是 DARPA 为士兵研发的一种网络态势共享工具，用于共享和发布士兵所处区域的作战信息，能在担负城市作战任务时得到强大系统支撑，有效提高指挥效率和作战能力	已融入 FBCB² 中
		电子密钥管理系统（EKMS）	EKMS 为增强国防部和政府机构提供综合端到端密钥管理、密钥生成和分发能力，增敌陆军建立电子密钥管理系统后，可以强化电子信息的安全性，提高密钥的分发管理能力	

续表

系统类别		子系统	主要功能	备注
作战任务系统	基本系统	联合网络管理系统（JNMS）	JNMS 是战区指挥人员、联合特遣部队指挥人员和联合通信设备的计划与管理工具，能提高部队态势感知能力，提供更高的灵活性以支持指挥人员意图，改善稀缺的频谱资源管理，提高关键系统和网络的安全性	
		预言家系统（Prophet）	Prophet 使用能探测、收集、识别和定位所选发射器的电子支持传感器改进作战空间态势感知能力，是陆基战术信息情报/电子战传感器，可生成近实时状态的电子图片，通过对威胁发射器的位置报知、跟踪和识别提供情报支持	
		前方地域防空指挥控制系统（FAADC²）	FAADC²集成了交战软件，可为多个系统如"复仇者"导弹、"哨兵"雷达系统、ABCS 和反火箭、反火炮和反迫击炮等近程防空武器系统提供采集、处理和分发实时目标追踪和射迹信息能力	
		数字化步兵引导系统（DLS）	DLS 向旅及旅以下部队提供指挥与控制能力，包括部队跟踪信息、计划、协同、同步和任务执行等；可与轻型机动旅控制系统（MCS-L）结合，为低级别分队提供更完整的战术图像；与 ABCS 系统提供双向接口	
		陆军机载指挥与控制系统（A²C²S）	A²C²S 安装在 UH-60 "黑鹰"直升机上，是支持军以上、军、师和机动旅指挥人员的陆军主要机载指挥与控制系统，为旅级到军以上指挥人员提供连续态势感知、可靠通信和机动的机载战术指挥所，使机动战术指挥人员即使高速飞行仍能获得并保持态势感知能力和实施指挥控制	
		"奈特勇士"	由便携式计算机、无线电设备、导航系统、存储单元、单目显示器和输入设备组成的单兵系统，将战场上的每个士兵、指挥员、不同兵种作战人员连接形成一张网；可使指挥人员获得更多信息，辅助战地指挥人员做出战术决策	
		安卓战术攻击套件（ATAK）	ATAK 是为安卓操作系统开发的映射引擎、态势感知、导航和广义态势感知，使用户能够使用 GPS 和国家地理空间地图形成智能、导航精确定位，与周围环境数据进行导航	

续表

系统类别		子系统	主要功能	备注
作战任务系统	替代升级	密钥管理基础设施（KMI）	KMI 是国防部联合需求委员会（JROC）批准的电子密钥管理系统（EKMS）计划的后续解决方案，自动化的、可通过网络访问的、基于电子的密钥管理和交换基础架构，为安全订购、生成、分发、管理和审核加密密钥和产品提供手段	
		无人机控制最佳角色分配管理控制系统（SCORCH）	SCORCH 包含无人机的智能自主学习行为软件以及高级用户界面，提供独特的协同整合能力，将人机交互、自主性和认知科学领域的最新技术融合到一套整体作战系统中，负责多架多架无人机作战任务的分配	
		集成视觉增强系统（IVAS）	IVAS 是一套由强敌陆军和微软合作开发的集成视觉增强系统，由 AR 眼镜、单兵计算单元、电池组、班组无线电、沉浸式虚拟训练系统、战术云包、云服务、适应性小队构架、士兵绩效评估系统集合而成；整合了战场上的感知功能，为强敌陆军作战提供支持	
		"网络勇士"未来计划（NWFI）	NWFI 属于可穿戴式数字化单兵作战系统，通过"联合战术无线电系统"和网络智能手机实现单兵作战互联互通	新一代"奈特勇士"

三、美国陆军战术级通信系统组成及功能清单

系统类别		子系统	主要功能	备注
通信系统	作战人员战术信息网（WIN-T）	增量1	WIN-T "增量" 1被定义为"快速驻停组网"的联合网络节点（JNN），为处于静止状态的作战人员提供访问全球信息栅格信息的能力；"增量" 1是一套联合兼容通信组件，允许作战人员利用先进的组网能力，实现与现有作战系统的互操作，并与后续其他"增量"保持同步发展	
		增量2	WIN-T "增量" 2在现有机动通信节点、车载无线通信组件和士兵网络扩展的配合下，建立了覆盖从师到连队的完全专用和具有自组网功能的机动作战指挥网络；"增量" 2在指挥人员车内增加嵌入式通信设备，使作战平台能够接入战术互联网，并在机动过程中保持网络联通	
		增量3	WIN-T "增量" 3提供完全的网络机动性，引入空中层，利用"天空勇士"多用途无人机充当网络节点，形成由传统视距通信、使用无人机与其他空中平台的空中机载通信和卫星通信组成的三层框架结构；提供全面的网络管理、信息分发管理，以及信息认证计划、监控、管理与响应功能	
		增量4	WIN-T "增量" 4进一步提高卫星通信的防护性，如抗干扰和低截获概率，并通过新的通信卫星和调制解调器提高通信容量	
	补充系统	单信道地面与机载通信系统（SINCGARS）	SINCGARS是早期背负、机动车载和机载基高频/调频系列无线电台，采用微处理机、扩频跳频、反电子干扰、模块化结构等技术，具有高度抗监视、截听以及抗干扰能力，为战术级单位传输加密语音、模拟或数字信号，提供视距通信服务	

续表

系统类别	子系统	主要功能	备注
通信系统 补充系统	联合战术无线电系统（JTRS）	JTRS 是强敌 2010 年后规划的适用于所有军种要求，用于语音和数据通信的无线通信系统，可覆盖 2MHZ~2GHZ 频段，后向兼容传统系统，实现多种新的先进波形，极大增强部队之间的通信能力，成为数字化战场环境中作战人员通信的主要手段	
	战术数据链系统	战术数据链以面向比特的方式实时传输格式化数字信息，保证信息高效、实时、可靠地传递到通信目的对象，实现战场信息的互联互通。强敌研发了从单一功能发展到多数据链互操作的数据链系统，包括 Link-4、Link-11、Link-14、Link-16、Link-22 等，其中 Link-16 在强敌当前数据链系统中占据主导地位，工作在特高频波段，具有加密、扩频、跳频抗干扰能力	
	陆军数据分发系统（ADDS）	ADDS 是一种能为战术指挥人员及其参谋人员提供自动、安全、近实时的具有数据分发能力的无线通信系统；主要包括增强型定位报告系统（EPLRS）和近实时数字无线电系统（NTDRS）两个部件，EPLRS 为旅及旅以下部队参战官兵以近实时的方式提供数据分发和定位/导航服务；NTDRS 解决战术局域网内关键节点之间对大容量数据网络的即时传输需求	
综合战术网（ITN）	能力集 CS21	能力集 CS21 于 2020 年 4 月开始大规模采购，包括更小、更轻、更快的通信功能和易使用的应用程序和设备，通过改进的网络安全和管理系统实现多种通信连接方案	
	能力集 CS23	能力集 CS23 将着重增强网络性能和弹性，如增强大容量商用卫星通信、保护卫星通信波形、低地球轨道（LEO）星座以及空间互联网等能力；将为机动作战提供更高的带宽和移动性，以及初步的云能力和抗干扰技术	

续表

系统类别		子系统	主要功能	备注
通信系统	综合战术网（ITN）	能力集 CS25	能力集 CS25 计划为强敌陆军网络引入云计算能力，包括自动切换功能，类似手机在 Wi-Fi 和 LTE 之间的自动无缝切换；力争 2025 年实现，届时强敌陆军 ITN 自动化程度将更高，防护能力更强，具有完整的云功能，自动化网络管理和决策工具，5G 或类似的通信连接，先进的空地通信和网络安全能力	
		能力集 CS27	能力集 CS27 致力于 2027 年，强敌陆军 ITN 将通过强化无线连接、人工智能、机器学习、通用操作环境、减少电磁特征等功能，帮助增强指挥人员决策能力，为实现"多域优势"提供支持	
	替代升级	战斗网无线电台（CNR）	CNR 实现对陆军绝大部分单信道地面和机载无线电系统（SINCGARS）的替代，提升该系统的加密能力和弹性波形通信能力；基于 AN/PRC-148 多频段组间/组内无线（IMBITR）电台，可使陆军增加新波形以满足不断增长的需求	

293

四、美国陆军战术级信息基础环境组成及功能清单

系统类别		子系统	主要功能	备注
信息基础环境	通用操作环境（COE）	指挥所计算环境（CPCE）	CPCE 将涉及火力、空域管理和机动的任务能力整合到单一、直观的环境中，实现指挥所转型；CPCE 使陆军能基于 Web 技术开发并部署可互操作的应用程序，在需要时支持联合和联军互操作性；CPCE 为指挥人员在工作站上提供集成作战图像，提升其根据作战形势快速调整决策并采取决定性行动以完成任务的能力	
		车载计算环境（MFoCS）	MFoCS 具备类似谷歌地球的界面和实时聊天室，为移动中的车载应用程序了标准，实现在陆军战术车辆内使用基于安卓车系统的作战通信；MFoCS 使用与 CPCE 相同的基础设施，实现车辆和单兵作战通信并提供互操作性	
		移动/手持计算环境（MCE/HHCE）	MCE/HHCE 的基础是"奈特勇士"，基于"安卓"商用智能手机，经过改造符合军用安全标准并通过"步兵"电台与陆军战术网络连接；MCE/HHCE 与 MFoCS 广泛协作，实现了通用消息传输格式和地图绘制标准，确保车载和单兵作战人员能够查看同一态势图并交换关键作战信息	
		数据中心/云/力量生成计算环境	数据中心/云/力量生成环境提供了云计算的基础设施，包括共享网络、服务器和存储资源，以及将现有应用程序迁移到云的途径。通过基于服务的基础设施和通用软件开发包，实现了以"市场"方式放置和获取陆军软件应用、服务和数据	
		传感器计算环境	传感器计算环境关注如何在全部作战功能中提高传感器与指挥所平台的交互，提供了通用互操作性和技术，实现用于数据服务、网络运行及专用、受控和无人值守传感器安全的标准和技术，以及传感器服务框架，使用户具备发现整个陆军传感器数据、记录传感器位置并管理传感器及其系统的能力	
		实时/安全关键/嵌入式计算环境（RTCE/SCCE/ECE）	RTCE/SCCE/ECE 主要目的是开发一个用于各标准平台的框架和一套生态系统，为未来的应用程序集成到陆军各平台中奠定基础，实现该计算环境意味着作战人员在各种类繁多的平台中将拥有更多的通用设备、显示器和信息，最终使作战人员和编队的联通性、感知能力均得到提升	

五、美国陆军军师营三级指挥所编成

(一)美国陆军军指挥所编成

1.军指挥组

军指挥组编制1名中将军长和1名少将副军长,另编制2名副官、1名军士长和5名士兵,编配2辆M1165A1增强型悍马车和1辆M1152A1强型悍马车(带1台20千瓦中型环境控制拖车)。

表3 军指挥组编制装备表

指挥组车组1				
	专业职务	军衔	军事职业类别	个人装备
车组乘员	军长	中将	00B00	左轮手枪
	副官	少校	02A00	M9自动手枪
	士兵顾问	三级军士长	92G40	M4突击步枪
	高级驾驶员	上士	88M30	M249班用轻机枪
编配车辆名称	M1165A1增强型悍马车			
编配装备名称	AN/VRC-92F 单通道空地无线电系统远程可转发车载电台 AN/UYK-128(V)3旅及旅以下指挥控制系统3型服务器(FBCB^2) AN/PSN-13便携式卫星定位系统接收机(DAGR) 2台AN/TYQ-137A:(V)2战术作战指挥2型终端			

续表

		指挥组车组2		
	专业职务	军衔	军事职业类别	个人装备
车组乘员	副军长	少将	00B00	左轮手枪
	副官	上尉	01A00	M4突击步枪
	执行行政助理	上士	42A30	M4突击步枪
	高级驾驶员	中士	88M30	M4突击步枪
编配车辆名称	M1165A1增强型悍马车			
编配装备名称	AN/VRC-92F 单通道空地无线电系统远程可转发车载电台 AN/UYK-128（V）3 旅及旅以下指挥控制系统 3 型服务器（FBCB^2） AN/PSN-13 便携式卫星定位系统接收机（DAGR）			
		指挥组车组3		
	专业职务	军衔	军事职业类别	个人装备
车组乘员	军士长	指挥军士长	00Z50	M9自动手枪
	驾驶员	上等兵	19K10	M4突击步枪
编配车辆名称	M1152A1增强型悍马车 20千瓦中型环境控制拖车（标准综合指挥所装备）			
编配装备名称	AU/VRC-90F 单通道空地无线电系统远程可转发车载电台 AN/UYK-128（V）3 旅及旅以下指挥控制系统 3 型服务器（FBCB^2）			

2.基本指挥所

基本指挥所设置在军部及支援连里的机构由移动指挥组、军参谋部和侍从参谋单元组成。

1）移动指挥组

移动指挥组有4名专业士兵编配3辆M1165A1增强型悍马车和1辆配M1097A2重型方舱的M1152AI增强型悍马车。

表4　移动指挥组编制装备表

移动指挥组车组1				
车组乘员	专业职务	军衔	军事职业类别	个人装备
	火力支援军士	三级军士长	13F40	M4突击步枪
编配车辆名称	MU65A1增强型悍马车			
编配装备名称	AN/VRC-92F单通道空地无线电系统远程可转发车载电台 AN/PSN-13便携式卫星定位系统接收机（DAGR）			
移动指挥组车组2				
车组乘员	专业职务	军衔	军事职业类别	个人装备
	信号支援参谋士官	三级军士长	25U40	M4突击步枪
编配车辆名称	M1165A1增强型悍马车			
编配装备名称	AN/VRC-92F单通道空地无线电系统远程可转发车载电台 AN/VRC-104（V）3车载短波远程电台 AN/UYK-128（V）3旅及旅以下指挥控制系统3型服务器（FBCB^2） AN/PSN-13便携式卫星定位系统接收机（DAGR） AN/PSC-5便携式战术卫星通信终端			

续表

移动指挥组车组 3				
车组乘员	专业职务	军衔	军事职业类别	个人装备
	驾驶员	上等兵	13F10	M4 突击步枪
编配车辆名称	M1165A1 增强型悍马车			
编配装备名称	AN/VRC-92F 单通道空地无线电系统远程可转发车载电台 AN/VRC-104（V）3 车载短波远程电台 AN/UYK-128（V）3 旅及旅以下指挥控制系统 3 型服务器（FBCB^2） AN/PSN-13 便携式卫星定位系统接收机（DAGR） AN/PSC-5 便携式战术卫星通信终端			
移动指挥组车组 4				
车组乘员	专业职务	军衔	军事职业类别	个人装备
	驾驶员	上等兵	13F10	M4 突击步枪
编配车辆名称	M1152A1 增强型悍马车（配 M1097A2 重型方舱）			
编配装备名称	AN/VRC-92F 单通道空地无线电系统远程可转发车载电台 AN/PSN-13 便携式卫星定位系统接收机（DAGR） AN/PSC-5 便携式战术卫星通信终端			

2）军参谋部

军参谋部由军参谋本部、指挥联络组、职能联络组、知识管理组、作战研究与系统分析组和红队组成。

表5 军参谋部编制装备表

军参谋本部车组				
车组乘员	专业职务	军衔	军事职业类别	个人装备
	军参谋长	少将	00B00	左轮手枪
	副参谋长	上校	01A00	M9自动手枪
	侍从参谋主任	中校	01A00	M9自动手枪
	驾驶员	上等兵	42A10	M249班用轻机枪
编配车辆名称	M1152A1增强型悍马车 20千瓦中型环境控制拖车（标准综合指挥所装备）			
编配装备名称	AN/VRC-92F单通道空地无线电系统远程可转发车载电台 AN/UYK-I28（V）3旅及旅以下指挥控制系统3型服务器（FBCB^2） AN/TYQ-137A：（V）2战术作战指挥2型终端 AN/PSN-13便携式卫星定位系统接收机（DAGR）			
指挥联络组车组				
车组乘员	专业职务	军衔	军事职业类别	个人装备
	联络官	上校	02A00	M9自动手枪
	3名联络官	中校	02A00	M9自动手枪
	4名联络官	少校	02A00	M9自动手枪
编配车辆名称	4辆M1152A1增强型悍马车			
编配装备名称	ANA/RC-92F单通道空地无线电系统远程可转发车载电台 AN/UYK-128（V）3旅及旅以下指挥控制系统3型服务器（FBCB^2） AN/TYQ-137A：（V）2战术作战指挥2型终端 AN/PSN-13便携式卫星定位系统接收机（DAGR）			

续表

职能联络组车组				
车组成员	专业职务	军衔	军事职业类别	个人装备
	信号联络官	中校	25A00	M9自动手枪
	情报联络官	中校	35D00	M9自动手枪
	保障联络官	中校	90A00	M9自动手枪
	信号联络官	少校	25A00	M9自动手枪
	情报联络官	少校	35D00	M9自动手枪
	保障联络官	少校	90A00	M9自动手枪
编配车辆名称	3辆M1152A1增强型悍马车			
编配装备名称	AN/VRC-92F 单通道空地无线电系统远程可转发车载电台 AN/UYK-128（V）3 旅及旅以下指挥控制系统3型服务器（FBCB^2） AN/TYQ-137A：（V）2 战术作战指挥2型终端 AN/PSN-13 便携式卫星定位系统接收机（DAGR）			
知识管理组				
车组乘员	专业职务	军衔	军事职业类别	个人装备
	知识管理主任	中校	02A00	M9自动手枪
	信息管理官	少校	53A00	M9自动手枪
	战斗指挥系统运行员	少校	57A00	M9自动手枪
	军信息主任	少校	25B50	M4突击步枪
	作战军士	三级军士长	11B40	M9自动手枪
	作战助理	上士	13B30	M9自动手枪
编配装备名称	AN/TYQ-137A：（V）2 战术作战指挥2型终端			

续表

	作战研究与系统分析组			
组员	专业职务	军衔	军事职业类别	个人装备
	评估主任	中校	49A00	M9自动手枪
	评估官	少校	49A00	M9自动手枪
	红队			
组员	专业职务	军衔	军事职业类别	个人装备
	红队主任	上校	02A00	M9自动手枪
	作战官	中校	01A00	M9自动手枪
	红队成员	少校	35D00	M9自动手枪
	红队成员	少校	48X00	M9自动手枪
	红队成员	少校	59A00	M9自动手枪
编配装备名称	AN/TYQ-137A：（V）2战术作战指挥2型终端			

3）侍从参谋单元

基本指挥所侍从参谋单元由监察组、公共事务组、军法组、牧师组等组成。

（1）监察组。监察组由1名上校监察长负责，另编制1名中校助理监察长和4名专业士兵，编配2辆M1152A1增强型悍马车（带1台20千瓦中型环境控制拖车）。

表6 监察组编制装备表

监察组车组				
	专业职务	军衔	军事职业类别	个人装备
车组乘员	监察长	上校	02A00	M9 自动手枪
	助理监察长	中校	01A00	M9 自动手枪
	监察士官	一级军士长	11Z5B	M4 突机步枪
	监察士官	二级军士长	00D5B	M4 突机步枪
	3名监察士官	三级军士长	00D4B	M4 突机步枪
	人力资源军士	中士	42A20	M249 班用轻机枪
编配车辆名称	M1152A1 增强型悍马车			
编配装备名称	AN/VRC-90F 单通道空地无线电系统远程可转发车载电台 AN/PSN-13 便携式卫星定位系统接收机（DAGR）			
编配车辆名称	M1152A1 增强型悍马车 20千瓦中型环境控制拖车（标准综合指挥所装备）			
编配装备名称	AN/VRC-90F 甲通道空地无线电系统远程车载电台 AN/PSN-13 便携式卫星定位系统接收机（DAGR）			

（2）公共事务组。公共事务组由本部、视频采集组和公共事务支援组组成，由1名上校公共事务官负责，另编制3名军官和3名专业士兵，编配1辆M1152A1增强型悍马车（带1台20千瓦中型环境控制拖车）。

表7　公共事务组编制装备表

公共事务组本部车组				
车组乘员	专业职务	军衔	军事职业类别	个人装备
	公共事务官	上校	46A00	M9自动手枪
	首席公共事务官	一级军士长	46Z50	M4突击步枪
	公共事务军士	中士	46Z20	M249班用轻机枪
编配车辆名称	M1152A1增强型悍马车 20千瓦中型环境控制拖车（标准综合指挥所装备）			
编配装备名称	AN/VRC-90F单通道空地无线电系统远程可转发车载电台 AN/PSN-13便携式卫星定位系统接收机（DAGR）			
视频采集组				
组员	专业职务	军衔	军事职业类别	个人装备
	公共事务官	少校	46A00	M9自动手枪
	公共事务士官	上士	46Z40	M4突击步枪
编配装备名称	视频采集设备			
公共事务支援组				
组员	专业职务	军衔	军事职业类别	个人装备
	公共事务官	中校	46A00	M9自动手枪
	公共事务官	少校	46A00	M9自动手枪

（3）军法组。军法组由本部、军法支援组、刑事法组、作战法组、民事法组、国际法组、宪法与外国情报监视法组和牧师分队车组成。

表8 军法组编制装备表

		本部车组		
车组乘员	专业职务	军衔	军事职业类别	个人装备
	军法处长	上校	27A00	M9自动手枪
	军法副处长	中校	27A00	M9自动手枪
	军法行政官	四级准尉	270A0	M4突击步枪
	军长法律顾问	一级军士长	27D50	M4突击步枪
编配车辆名称	M1152A1增强型悍马车			
编配装备名称	AN/VRC-90F单通道空地无线电系统远程可转发车载电台 AN/TYQ-137A：（V）2战术作战指挥2型终端 AN/PSN-13便携式卫星定位系统接收机（DAGR）			
		军法支援组		
组员	专业职务	军衔	军事职业类别	个人装备
	2名作战法参谋	上尉	27A00	M9自动手枪
		刑事法组		
组员	专业职务	军衔	军事职业类别	个人装备
	刑事法主任	少校	27A00	M9自动手枪
	出庭律师	上尉	27A00	M4突击步枪
	首席律师帮办士官	二级军士长	27D50	M4突击步枪
	高级书记官	三级军士长	27D40	M4突击步枪
	书记官	上士	27D30	M4突击步枪
	律师帮办士官	上士	27D30	M4突击步枪
	书记官	中士	27D20	M4突击步枪

续表

	作战法组			
组员	专业职务	军衔	军事职业类别	个人装备
	作战法参谋	上尉	27A00	M4 突击步枪
	组长	上尉	27A00	M4 突击步枪
	作战法士官	上士	27D30	M4 突击步枪

	民事法组			
组员	专业职务	军衔	军事职业类别	个人装备
	民事法主任	中校	27A00	M9 自动手枪
	法律援助官	上尉	27A00	M4 突击步枪
	律法帮办士官	上士	27D30	M4 突击步枪

	国际法组			
组员	专业职务	军衔	军事职业类别	个人装备
	国际法主任	中校	27A00	M9 自动手枪
	律法帮办士官	中士	27D20	M4 突击步枪

	宪法与外国情报监视法组			
组员	专业职务	军衔	军事职业类别	个人装备
	宪法官	少校	27A00	M4 突击步枪
	律法帮办专业兵	专业军士	27D10	M249 班用轻机枪

	牧师分队车组			
车组乘员	专业职务	军衔	军事职业类别	个人装备
	牧师	上校	56A00	无
	世界宗教牧师	中校	56A00	无
	牧师助理	少校	56A00	无
	首席牧师助理	一级军士长	56M50	M4 突击步枪
	牧师助理	上士	56M30	M4 突击步枪

续表

牧师分队车组	
编配车辆名称	2辆M1152A1增强型悍马车
编配装备名称	AN/VRC-90F单通道空地无线电系统远程可转发车载电台 AN/PSN-13便携式卫星定位系统接收机

（二）美国陆军师指挥所编成

1.师指挥组

师指挥组由1名少将师长、2名准将副师长、1名师军士长、3名副官和其他6名士兵组成，编配3辆M11655A1增强型悍马车和1辆增强型悍马车（带1台20千瓦中型环境控制拖车）。

表9 师指挥组编制装备表

指挥组车组				
车组乘员	专业职务	军衔	军事职业类别	个人装备
	师长	少将	00B00	左轮手枪
	副官	上尉	02A00	M4突击步枪
	执行行政助理	上士	42A30	M4突击步枪
	高级驾驶员	上士	88M30	M4突击步枪
编配车辆名称	M1165A1增强型悍马车			

续表

指挥组车组	
编配装备名称	AN/VRC-92F 单通道空地无线电系统远程可转发车载电台 AN/UYK-128（V）3 旅及旅以下指挥控制系统 3 型服务器（FBCB^2） AN/PSN-13 便携式卫星定位系统接收机（DAGR） 2 台 AN/TYQ-137A：（V）2 战术作战指挥 2 型终端

指挥组车组 2				
车组乘员	专业职务	军衔	军事职业类别	个人装备
	副师长	准将	00B00	左轮手枪
	副官	中尉	01A00	M4 突击步枪
	士兵顾问	上士	92G30	M4 突击步枪
	驾驶员	中士	88M20	M4 突击步枪
编配车辆名称	M1165A1 增强型悍马车			
编配装备名称	AN/VRC-92F 单通道空地无线电系统远程可转发车载电台 AN/UYK-128（V）3 旅及旅以下指挥控制系统 3 型服务器（FBCB^2） AN/PSN-13 便携式卫星定位系统接收机（DAGR） AN/TYQ-137A：（V）2 战术作战指挥 2 型终端			

指挥组车组 3				
车组乘员	专业职务	军衔	军事职业类别	个人装备
	副师长	准将	00B00	左轮手枪
	副官	中尉	01A00	M4 突击步枪
	驾驶员	中士	88M20	M4 突击步枪
编配车辆名称	M1165A1 增强型悍马车			

续表

指挥组车组 3	
编配装备名称	AN/VRC-92F 单通道空地无线电系统远程可转发车载电台 AN/UYK-128（V）3 旅及旅以下指挥控制系统 3 型服务器（FBCB^2） AN/PSN-13 便携式卫星定位系统接收机（DAGR） 2 台 AN/TYQ-137A：（V）2 战术作战指挥 2 型终端

指挥组车组 4				
车组乘员	专业职务	军衔	军事职业类别	个人装备
	师军士长	指挥军士长	00z50	M9 自动手枪
	驾驶员	上等兵	19K10	M4 突击步枪
编配车辆名称	M1152A1 增强型悍马车 20 千瓦中型环境控制拖车（标准综合指挥所装备）			
编配装备名称	AN/VRC-90F 单通道空地无线电系统远程可转发车载电台 AN/UYK-128（V）3 旅及旅以下指挥控制系统 3 型服务器（FBCB^2） AN/PSN-13 便携式卫星定位系统接收机（DAGR） AN/PSC-5 便携式战术卫星通信终端			

2.基本指挥所

基本指挥所设置在师部及支援连的机构由移动指挥组、后方留守处和师参谋本部组成。

1）移动指挥组

移动指挥组由 4 名专业士兵编配 3 辆 M1165A1 增强型悍马车和 1 辆配 M1097A2IE 型方舱的 M1152A1 增强型悍马车。

表10 移动指挥组编制装备表

移动指挥组车组1				
车组乘员	专业职务	军衔	军事职业类别	个人装备
	火力支援军士	三级军士长	13F40	M4突击步枪
编配车辆名称	M1165A1 增强型悍马车			
编配装备名称	AN/VRC-92F 单通道空地无线电系统远程可转发车载电台 AN/PSN-13 便携式卫星定位系统接收机（DAGR）			
移动指挥组车组2				
车组乘员	专业职务	军衔	军事职业类别	个人装备
	信号支援参谋士官	三级军士长	25U40	M4突击步枪
编配车辆名称	M1165A1 增强型悍马车			
编配装备名称	AN/VRC-92F 单通道空地无线电系统远程可转发车载电台 AN/VRC-104（V）3 车载短波远程电台 AN/UYK-128（V）3 旅及旅以下指挥控制系统3型服务器（FBCB^2） AN/PSN-13 便携式卫星定位系统接收机（DAGR） AN/PSC-5 便携式战术卫星通信终端			
移动指挥组车组3				
车组乘员	专业职务	军衔	军事职业类别	个人装备
	驾驶员	上等兵	13F10	M4突击步枪
编配车辆名称	M1165A1 增强型悍马车			

续表

移动指挥组车组 3				
编配装备名称	AN/VRC-92F 单通道空地无线电系统远程可转发车载电台 AN/VRC-104（V）3 车载短波远程电台 AN/UYK-128（V）3 旅及旅以下指挥控制系统 3 型服务器（$FBCB^2$） AN/PSN-13 便携式卫星定位系统接收机（DAGR） AN/PSC-5 便携式战术卫星通信终端			
移动指挥组车组 4				
车组乘员	专业职务	军衔	军事职业类别	个人装备
	驾驶员	上等兵	13F10	M4 突击步枪
编配车辆名称	M1152A1 增强型悍马车（配 M1097A2IE 型方舱）			
编配装备名称	AN/VRC-92F 单通道空地无线电系统远程可转发车载电台 AN/PSN-13 便携式卫星定位系统接收机（DAGR） AN/PSC-5 便携式战术卫星通信终端			

2）后方留守处

后方留守处由 1 名中校指挥人员负责（军事职业类别为 01A00，个人配枪为 M9 自动手枪），另编制 1 名二级军士长作战军士（军事职业类别为 42A50，个人配枪为 M4 突击步枪），配备 1 台 AN/TYQ-116（V）3 陆军人力资源工作站。

3）师参谋部

师参谋部由师参谋本部、特业参谋单元组成。

（1）师参谋本部。师参谋本部由上校师参谋长负责，另编制 1 名少校侍从参谋主任和 1 名上等兵驾驶员，编配 1 辆 M1152A1 增强型悍马车。

表 11 师参谋本部编制装备表

分队车组				
车组乘员	专业职务	军衔	军事职业类别	个人装备
	师参谋长	上校	02A00	M9 自动手枪
	侍从参谋主任	少校	01A00	M9 自动手枪
	驾驶员	上等兵	11B10	M249 班用轻机枪
编配车辆名称	M1152A1 增强型悍马车			
编配装备名称	AN/VRC-92F 单通道空地无线电系统远程可转发车载电台 AN/UYK-128（V）3 旅及旅以下指挥控制系统 3 型服务器（$FBCB^2$） AN/TYQ-137A:（V）2 战术作战指挥 2 型终端 AN/PSN-13 便携式卫星定位系统接收机（DAGR）			

（2）特业参谋单元。师参谋部特业参谋单元由4个指挥联络组、知识管理组、作战研究与系统分析组、红队组成。

表 12 特业参谋单元编制装备表

指挥联络组车组 4				
车组乘员	专业职务	军衔	军事职业类别	个人装备
	联络官	中校	02A00	M9 自动手枪
	联络官	少校	02A00	M9 自动手枪

续表

指挥联络组车组 4				
编配车辆名称	M1152A1 增强型悍马车			
编配装备名称	AN/VRC-92F 单通道空地无线电系统远程可转发车载电台 AN/UYK-128（V）3 旅及旅以下指挥控制系统 3 型服务器（FBCB^2） AN/TYQ-137A：（V）2 战术作战指挥 2 型终端 AN/PSN-13 便携式卫星定位系统接收机（DAGR）			
知识管理组				
车组乘员	专业职务	军衔	军事职业类别	个人装备
	知识管理主任	中校	02A00	M9 自动手枪
	战斗指挥系统操作员	少校	57A00	M9 自动手枪
编配装备名称	AN/TYQ-137A：（V）2 战术作战指挥 2 型终端			
作战研究与系统分析组				
车组乘员	专业职务	军衔	军事职业类别	个人装备
	评估主任	中校	49A00	M9 自动手枪
	评估官	少校	49A00	M9 自动手枪
红队				
车组乘员	专业职务	军衔	军事职业类别	个人装备
	红队主任	中校	02A00	M9 自动手枪
	红队成员	少校	35D00	M9 自动手枪
	红队成员	少校	59A00	M9 自动手枪
编配装备名称	AN/TYQ-137A：（V）2 战术作战指挥 2 型终端			

4）侍从参谋单元

基本指挥所侍从参谋单元由监察组、公共事务组、军法组、牧师组等组成。

表13　侍从参谋单元编制装备表

监察组车组				
车组乘员	专业职务	军衔	军事职业类别	个人装备
	监察长	中校	01A00	M9自动手枪
	副监察长	少校	01A00	M9自动手枪
	监察士官	二级军士长	00D5B	M4突击步枪
	4名监察士官	三级军士长	00D4B	M4突击步枪
	人力资源专业兵	专业军士	42A10	M249班用轻机枪
编配车辆名称	M1152A1增强型悍马车			
编配装备名称	AN/VRC-90F单通道空地无线电系统远程可转发车载电台 AN/PSN-13便携式卫星定位系统接收机（DAGR）			
编配车辆名称	M1152A1增强型悍马车 20千瓦中型环境控制拖车（标准综合指挥所装备）			
编配装备名称	ANAHIC-90F单通道空地无线电系统远程可转发车载电台 AN/PSN-13便携式卫星定位系统接收机（DAGR）			
公共事务组车组1				
车组乘员	专业职务	军衔	军事职业类别	个人装备
	公共事务官	中校	46A00	M9自动手枪
	高级公共事务士官	二级军士长	46Z50	M4突击步枪

续表

公共事务组车组 1	
编配车辆名称	M1152A1 增强型悍马车
编配装备名称	AN/VRC-90F 单通道空地无线电系统远程可转发车载电台 AN/PSN-13 便携式卫星定位系统接收机（DAGR）

公共事务组车组 2				
	专业职务	军衔	军事职业类别	个人装备
车组乘员	公共事务行动士官	三级军士长	46Z40	M4 突击步枪
	公共事务士官	上士	46Q30	M4 突击步枪
	公共事务军士	中士	46Q20	M4 突击步枪
编配装备名称	视频采集设备			

公共事务支援组				
	专业职务	军衔	军事职业类别	个人装备
车组乘员	公共事务官	少校	46A00	M9 自动手枪
	公共事务士官	三级军士长	46Z40	M4 突击步枪

军法组本部车组 1				
	专业职务	军衔	军事职业类别	个人装备
车组乘员	军法处长	上校	27A00	M9 自动手枪
	军法副处长	中校	27A00	M9 自动手枪
	4 名作战法参谋	上尉	27A00	M4 突击步枪

续表

军法组本部车组 1				
车组乘员	2 名民事军法官	上尉	27A00	M4 突击步枪
	国际法参谋	上尉	27A00	M4 突击步枪
	合同财会法参谋	上尉	27A00	M4 突击步枪
	军法行政官	三级准尉	270A0	M4 突击步枪
	师长法律顾问	二级军士长	27D50	M4 突击步枪
	作战法士官	上士	27D30	M4 突击步枪
	2 名律师帮办士官	上士	27D30	M4 突击步枪
	律师帮办专业兵	专业军士	27D10	M249 班用轻机枪
编配车辆名称	M1152A1 增强型悍马车			
编配装备名称	AN/VRC-90F 单通道空地无线电系统远程可转发车载电台 AN/TYQ-137A：（V）2 战术作战指挥 2 型终端 AN/PSN-13 便携式卫星定位系统接收机（DAGR）			
军法组刑事法组 2				
车组乘员	专业职务	军衔	军事职业类别	个人装备
	刑事法主任	少校	27A00	M9 自动手枪
	出庭律师	上尉	27A00	M4 突击步枪
	首席律师帮办士官	二级军士长	27D50	M4 突击步枪
	高级书记官	三级军士长	27D40	M4 突击步枪
	书记官	上士	27D30	M4 突击步枪
	律师帮办士官	上士	27D30	M4 突击步枪
	书记官	中士	27D20	M4 突击步枪

续表

牧师组车组				
车组乘员	专业职务	军衔	军事职业类别	个人装备
	牧师	中校	56A00	无
	牧师助理	少校	56A00	无
	家庭生活牧师	少校	56A00	无
	主牧师助理士官	二级军士长	56M50	M4突击步枪
	牧师助理士官	中士	56M20	M249班用轻机枪
编配车辆名称	2辆M1152A1增强型悍马车			
编配装备名称	AN/AHIC-90F单通道空地无线电系统远程可转发车载电台 AN/PSN-13便携式卫星定位系统接收机（DAGR）			

（三）美国陆军营指挥所编成

合成兵种营通常有两个标准指挥所：基本指挥所和指挥组。

1.基本指挥所

基本指挥所是营指挥员的主要任务指挥设施。通常，执行官负责基本指挥所的所有参谋的任务和职能。确定基本指挥所位置的主要考虑因素是战场生存能力、通信和可接触性，营基本指挥所必须与连队和旅基本指挥所保持持续的通信和协调。营基本指挥所必须以有利于所有参谋之间信息收发和串扰的最佳方式进行物理配置。

2.指挥组

营指挥组由营指挥员和在战斗中协助其执行关键任务的参谋人员组成。营指挥员根据任务变量（METT-TC）分析确定其指挥小组的组成，通常情况下，火力支援官（FSO）和空中联络官（ALO）是营指挥组的一部分。指挥组负责整场战斗的指挥。指挥组选择恰当的位置以便可以看到战斗情况，以及让指挥员可以在关键时刻发布正确的命令。

参考文献

[1] 陈琪锋,孟云鹤,陆宏伟. 导弹作战应用[M]. 北京:国防工业出版社,2014.

[2] 戴维·卡门斯. 美军网络中心战案例研究3:网络中心战透视[M]. 沐俭,译. 北京:航空工业出版社,2016.

[3] 邓克勤. 锁定目标:对伊拉克战略性空中打击目标组织与实施[M]. 北京:蓝天出版社,2015.

[4] 蒂姆·里普利. 阿富汗空战[M]. 敖峰,孙迪辉,译. 北京:军事谊文出版社,2012.

[5] 戴维·布伦蒂,安德罗·莱西特. 卡扎菲传[M]. 马福云,译. 长春:时代文艺出版社,2003.

[6] 金圣荣. 利比亚战争背后的阴谋[M]. 北京:人民日报出版社,2011.

[7] 军事科学院外军研究部. 外国对以色列侵略黎巴嫩战争的评论[M]. 北京:解放军出版社,1984.

[8] 理查德·艾伦. 阿拉伯-以色列冲突的背景和前途[M]. 艾玮生,译. 北京:商务印书馆,1981.

[9] 刘丙海,黄学爵. 狼烟弥漫:中外战争的导火索[M]. 北京:金盾出版社,2015.

[10] 刘怡听,解文欣,吴翔. 伊拉克战争与现代炮兵[M]. 北京:解放军出版社,2003.

[11] 王鹏. 以色列对真主党战争中的空中作战[M]. 北京:军事科学出版社,2013.

[12] 吴庸. 卡扎菲:从放牧到一代枭雄[M]. 北京:中国物资出版社,2011.

[13] "五星上将丛书"编辑部. 1982:贝卡谷地空战[M]. 西安:陕西师范大学出版社,2004.

[14] 许正忠，史文丽，张永亮. 美军陆空联合作战指挥［M］. 武汉：武汉大学出版社，2021.

[15] 曾浩洋. 美国陆军战术网络现代化战略及其发展研究［J］. 中国电子科学院学报，2020，15（3）：197-207.

[16] 曾浩洋. 美国陆军综合战术网络研究［J］. 通信技术，2020，53（3）：525-534.

[17] 张立功. 战争中的美国空军：从冷战到利比亚战争［M］. 北京：中国市场出版社，2014.

[18] 张立健. 美国陆军综合战术网建设方法特点及启示［J］. 网络安全技术与应用，2021（6）：106-107.

[19] BARONE C. COMMERCIAL WAVEFORM TSM BRINGS SCALABILITY TO ARMY COMMS.（2020-09-29）［2023-11-20］. https：//modernbattlespace.com/2020/09/29/commercial-waveform-tsm-brings-scalability-army-comms/#. X98jS1gzbIU.

[20] BASSETT D，GALLAGHER P. Art of the Possible：Modernizing the Network While Addressing Gaps［EB/OL］.（2020-04-21）［2023-11-20］. https：//www. ausa. org/articles/art-possible-modernizing-network-while-addressing-gaps.

[21] DAVID E. JOHNSON M. MARKEL W，et al. The 2008 Battle of Sadr City—Reimagining Urban Combat. https：//www. rand. org/pubs/research_reports/RR160. html.

[22] DEPARTMENT OF THE ARMY. Field Manual 3-21. 11：The SBCT Infantry Company［Z］. Washington，D. C.：Department of the Army，2003.

[23] DEPARTMENT OF THE ARMY. Field Manual 3-21. 21：The Stryker Brigade Combat Team Infantry Battalion［Z］. Washington，D.C.：Department of the Army，2003.

[24] NAYLOR S，Relentless Strike：The secret history of joint special operations command［M］. New York：Si. Martin's Press，2015.

[25] NEVILLE L. Special Operational Forces in Iraq［M］. New York：Osprey Press，2008.

[26] TUCKER M. Among Warriors in Iraq: True Grit, Special Ops, and Raiding in Mosul and Fallujah [M]. Guilford: Lyons Press, 2005.

[27] WADLE R D. HAMMER DOWN: The Battle for the Watapur Valley, 2011[M]. Kansas: Combat Studies Institute Press, 2014.